POCHES ODILE JACOB

LES CASSE-PIEDS

DU MÊME AUTEUR
aux éditions Odile Jacob

À quoi sert le couple ?, 1993, « Poches Odile Jacob », 2000.
Le Temps d'aimer, 1997.
La Force du désir, 2000, « Poches Odile Jacob », 2002.
Le Courage de changer (avec Donata Francescato), 2001.
Être sûr de soi, 2002.

WILLY PASINI

LES CASSE-PIEDS

Traduit de l'italien par
Jacqueline Henry

Odile Jacob
poches

Ouvrage publié originellement par Mondadori
sous le titre : *La vita é simplice*

15, RUE SOUFFLOT, 75005 PARIS

www.odilejacob.fr

ISBN : 2-7381-1217-X
ISSN : 1621-0654

Introduction

« L'enfer, c'est les autres », écrit Sartre dans *Huis Clos* [1]. Je ne souscrirai pas à ce pessimisme, qui fait de l'autre l'obstacle numéro un à notre satisfaction. Pourtant, lorsque je pose des questions autour de moi, c'est toujours la même rengaine : « Si seulement il n'y avait pas ce casse-pieds au bureau... Si seulement je n'avais pas un mari aussi étouffant... Si seulement mon beau-frère et ma belle-sœur étaient moins intrigants ! »

Bien souvent, ces empoisonneurs n'ont rien contre nous, mais il s'agit de gens qui, au lieu d'essayer de se simplifier la vie, font tout pour se la compliquer. Ils deviennent ainsi les protagonistes de leur propre malheur et nous entraînent plus ou moins involontairement avec eux. Au début, il est fréquent que l'on ne soit que spectateur, mais, peu à peu, on se rapproche ensuite, sans s'en rendre compte, de la scène où se joue une bien triste pièce.

Silvio Ceccato [2] intelligent et sympathique prédécesseur d'Alberoni avait déjà déterminé quelques-uns de ces « ennemis » qui nous entourent : les maniaques, les geignards, les culpabilisants, les flatteurs, les compliqués, les petits futés et les détestables. Dans cet ouvrage, je me suis efforcé, pour ma part, d'identifier ceux qui peuvent gâcher notre bonheur, ceux que nous rencontrons ou pouvons rencontrer chaque jour au travail comme dans notre vie privée.

Je n'entrerai pas dans des questions relevant de la psychiatrie, me limitant aux aspects non pathologiques des traits de caractère. Qui d'entre nous n'a jamais eu affaire à un supérieur tyrannique, à une amie déprimée et pleurnicharde, ou encore un parent susceptible et gêneur ? Ce sont eux qui rendent la vie difficile ; ce sont eux que j'ai appelés les « casse-pieds ». Nous ne pouvons pas toujours les éviter (c'est même parfois impossible lorsqu'on les retrouve au bureau ou dans son lit), mais nous pouvons prévenir les effets négatifs qu'ils produisent, les neutraliser ou, au moins, neutraliser certains de leurs comportements « empoisonnants ».

Il serait évidemment simpliste de prétendre réussir à repérer et éliminer tous les casse-pieds du monde. C'est une tentation fréquente dans les situations les plus diverses de la vie, mais la réalité est d'une autre complexité que dans les westerns où le monde se divise entre bons et méchants. La psychanalyse a notamment montré que nos principaux ennemis résidaient souvent dans notre monde intérieur et que notre incapacité à accepter les faiblesses des autres pouvait nous causer de grands torts.

Freud a très bien expliqué que nous sommes particulièrement sensibles aux parties de nous-mêmes que nous ne voulons pas voir mais dont nous percevons la projection chez les autres. Comme lorsque nous envions ceux qui se permettent ce que nous n'osons pas faire. Ainsi, il peut nous arriver d'admirer – quoique sans le crier sur les toits – le boursicoteur sans principe qui fait fortune ou le commerçant qui réussit à berner son assurance.

Dans les pages qui suivent, je me suis efforcé d'appliquer à l'univers quotidien quelques principes fondamentaux de la psychanalyse, laquelle a résisté à près d'un siècle de critiques pour devenir un patrimoine culturel commun. Il a notamment été reproché à Freud d'avoir développé une théorie de la normalité à partir de la névrose. En réalité, au-delà de ses aspects strictement psychopathologiques, son enseignement demeure immortel, y compris dans la perspective d'une reprise plus atomisée de ses géniales intuitions.

Il ne s'agit ici ni de théorie de la psychanalyse ni de vulgarisation, mais d'une tentative de mise en œuvre de ses principes pour rendre la vie à la fois plus riche et plus simple. Nous tâcherons, dans les différents chapitres, de déterminer l'ennemi qui est en nous, afin de mieux cerner les ennemis extérieurs, plus visibles. Surtout, nous nous efforcerons de reconnaître les types de casse-pieds les plus fréquents : les narcissiques, les paranoïaques, les anxieux, les dépressifs, les traîtres, les perdants et les inconstants. Et nous essaierons de déterminer les comportements qui, face à chacun de ces types, peuvent aider à éviter les conflits. Le but n'est pas de définir une recette qui rende l'existence plus facile parce que plus superficielle, mais d'effectuer une analyse rationnelle et différenciée des stratégies les mieux adaptées face à tous ces casse-pieds qui empoisonnent notre quotidien.

CHAPITRE PREMIER

Les narcissiques

Vous vous souvenez d'*Apocalypse Now*[1], de Francis Ford Coppola ? Dans ce film cruel et visionnaire, situé à l'époque de la guerre du Viêt-nam, on rencontre au moins trois types de narcissiques : le militaire américain interprété par Robert Duvall, tellement sûr de lui que dans une scène mémorable, et dans le seul but d'affirmer sa volonté de domination, il engage ses hélicoptères dans une zone exposée au feu ennemi au son de la *Chevauchée des Walkyries* de Wagner. Puis Martin Sheen, capitaine des services secrets américains, dont l'objectif est de retrouver le capitaine Kurtz (un Marlon Brandon pas encore atteint d'obésité), ce déserteur qui vit dans la jungle cambodgienne. Il y a créé un véritable royaume et y mène sa guerre à lui, en ne suivant que ses propres règles, en n'obéissant qu'à ses propres lois, rêve de tous les narcissiques.

Dans un registre totalement différent, on trouve les narcissiques au féminin. Non pas les personnalités fragiles et capricieuses, du genre des excessives dont nous parlerons plus loin, mais des femmes terriblement agressives et très casse-pieds. Leur comportement peut cependant s'avérer payant : c'est ainsi que Coralie [2], habituée à jouer la prima donna, a pu obtenir la meilleure chambre dans un hôtel ou une place dans un restaurant déjà complet en se faisant passer pour une star. Elle a même réussi à se faire rembourser un billet d'avion en invoquant un retard injustifié.

Mais le narcissisme de Coralie n'a rien de destructeur, contrairement à celui de Sonia, qui empoisonne la vie de son compagnon, Antoine. Celui-ci porte bien ses soixante-deux ans, même s'il recourt aux ultraviolets pour arborer un bronzage permanent et s'il se fait teindre les cheveux. Elle a quarante-sept ans et rend son partenaire littéralement fou. Ainsi, ils ont pris leur premier rendez-vous avec moi pour une thérapie de couple. La veille, ils se sont disputés pour la énième fois. Alors qu'il voulait faire sa valise, elle lui a sauté dessus et a déchiré sa chemise. Antoine a fini par accepter de rester à condition qu'elle l'accompagne à la consultation. Mais au bout du compte, il s'est présenté seul, éploré, Sonia ayant refusé de venir. Elle n'a cependant pas omis de téléphoner pendant la séance pour vérifier qu'il était bien là et non avec une autre femme. Outre qu'elle est d'une jalousie maladive (y compris à l'égard de sa sœur et de la fille d'Antoine), c'est un modèle de casse-pieds, avide, hystérique et méchante.

Elle a déjà usé un mari et un autre amant, qui ont tous les deux sombré dans l'alcool et n'ont cessé de boire qu'après avoir mis un terme à leur relation avec cette femme infernale. Ancienne artiste diplômée en informatique, Sonia ne travaille plus, en réalité, depuis au moins quinze ans, et après son divorce, elle a réussi à démontrer qu'elle était sans emploi et à toucher, pendant deux ans, non seulement la pension alimentaire versée par son ex-mari, mais aussi des indemnités de chômage. Elle ne se borne donc pas à vampiriser les autres sur le plan sentimental.

Et dans l'intimité ? Comme elle est belle femme, elle exige d'Antoine une sexualité particulièrement active. Et si son partenaire se montre fatigué, elle l'agresse, s'efforce de l'exciter et de lui stimuler les organes génitaux, même quand il ne veut pas.

La tactique de Sonia réside donc dans l'intimidation, et avec Antoine, qui est un homme plutôt faible, cela marche. Elle menace tantôt de se suicider, tantôt de faire un scandale : un jour, Antoine a même dû appeler la police parce qu'elle avait cassé une vitre à son bureau, et une autre fois, parce qu'elle avait tenté de mettre le feu aux rideaux. Lorsqu'il n'en peut plus, il finit par la gifler, mais ensuite, il se sent coupable, la couvre de cadeaux et l'emmène au restaurant. Sonia se calme alors et tout recommence comme avant. Ce rapport perpétuellement conflictuel dure désormais depuis trois ans, et Antoine est à bout. Elle, bien qu'elle sente qu'il voudrait s'en aller, ne fait preuve d'aucune gentillesse et accentue son comportement intimidateur.

Fort heureusement, le masochisme complice de cet homme s'est un peu atténué grâce à une psychothérapie individuelle qui lui a au moins permis de comprendre que sa compagne le détruit. Maintenant, il souffre d'insomnie, il a des problèmes de digestion et n'arrive plus à travailler comme avant. Il est en grande partie victime, mais aussi complice de ce lien toxique, parce qu'il est très attiré physiquement par ce type de femme dominatrice. En outre, il a peur d'être seul, et tant qu'il n'aura pas trouvé une autre compagne, il n'osera sans doute pas quitter Sonia, qui ne lui laisse pas grande chance de trouver une remplaçante !

À ce stade, la thérapie consiste à libérer Antoine de cette femme qui lui a mis le grappin dessus et ne veut absolument pas « relâcher sa prise ». Dans les cas de ce genre, soit on réussit à mettre en place une contre-intimidation en jouant du pouvoir contractuel, qu'Antoine n'a pas, soit on fait intervenir des autorités extérieures, comme la police (quand les choses tournent à la violence) ou un avocat, qui incitent à respecter la loi. Antoine a essayé de résister, mais sans succès. Il ne lui reste donc qu'une solution, celle de préparer consciencieusement sa fuite. De toute façon, au bout d'un certain temps, les femmes comme Sonia s'efforcent d'en harponner un autre pour recommencer leur petit jeu de domination.

Mon conseil est donc de rester à l'écart des personnages grandiloquents et destructeurs de ce genre. On éprouve souvent une attirance fatale pour les « casse-pieds » ou les crapules, mais il faut, à un moment donné, sauver sa propre vie sous peine de devenir complice ou de tomber dans la soumission masochiste.

Qualité ou défaut ?

Je vous ai raconté l'histoire de la femme narcissique et destructrice qu'est Sonia. Mais il serait bon que j'explique la différence entre le narcissisme et l'amour-propre, lequel, contrairement au premier, est sain et positif.

L'amour-propre implique de la confiance ainsi qu'une certaine satisfaction à l'égard de soi-même et de ses capacités. Le narcissique, lui, est trop content de lui-même, vaniteux, et désireux d'apparaître et de s'affirmer ; c'est pourquoi il n'hésite pas à passer de la séduction à l'intimidation et vice-versa. Surtout, il n'est guère intéressé par les états d'âme d'autrui et se montre peu attentif aux perturbations émotionnelles qu'il provoque, alors qu'il est sensible au plus haut point à ses propres besoins. Il manque donc bien souvent d'empathie, même s'il arrive qu'il suscite, dans un premier temps, la sympathie.

• *Le narcissique est très ambitieux tant sur le plan professionnel que sentimental.* Il supporte si mal l'échec qu'il peut en venir à des comportements mythomanes pour s'affirmer. Ainsi Martine, responsable d'une agence de voyages, soutenait qu'elle était toujours capable de faire de bonnes affaires. Lorsqu'elle avait été en Colombie, elle avait acheté des émeraudes ; en Thaïlande, elle avait déniché des rubis à demi-tarif ; à Tahiti, elle avait acquis à bon marché des perles noires auprès des pêcheurs. Mais cela ne suffisait pas.

Cette femme en était arrivée à inventer des histoires pour maintenir son apparence de femme à succès. Elle racontait, par exemple, qu'un aquarium avait créé une loterie pour touristes. On y achetait des huîtres fermées sans savoir si elles contenaient ou non une perle. Et elle, bien sûr, en avait trouvé deux, grâce à son intuition. Du premier coup, elle avait choisi des huîtres gagnantes !

En outre, comme son fiancé était parfois interviewé dans les médias (c'était un scientifique connu), elle ne manquait pas de rappeler son « apparition » à elle. Des années plus tôt, elle avait été présentée dans un journal comme une des plus jeunes spécialistes du voyage. Dommage, le papier avait jauni...

• *Le narcissique a besoin non seulement d'être bon dans ce qu'il fait, mais aussi de le paraître.* S'il a réussi et que personne ne le sait, ça ne sert pas à grand-chose. Ce besoin de paraître pousse le narcissique à la consommation : voitures, yachts et belles femmes deviennent des indicateurs sociaux de sa valeur.

Il est intéressant de voir comment le baladeur, qui était le gadget préféré (surtout des jeunes) dans les années quatre-vingt a été remplacé par le téléphone cellulaire. Le baladeur, disent les sociologues, était le symbole d'un « monologue narcissique entre soi et soi » : son utilisateur, le casque sur les oreilles, était complètement isolé du monde. Le portable, avec l'inévitable « je suis ici, et toi, tu es où ? », est l'instrument typique de la « communication narcissique ». Il est indispensable pour pouvoir être joint en permanence et se sentir au cœur d'un « réseau » vibrant de mots et de messages [3].

Tout ce que choisit le narcissique, ses vêtements, et surtout ses accessoires, est coûteux, visible et, si possible, de marque (comme si le prix était encore marqué dessus). Je me souviens d'Olga qui avait gagné beaucoup d'argent, sans doute en faisant de la contrebande avec un pays de l'Est, et qui s'était même acheté un titre de noblesse. Elle aimait montrer le très beau tableau qu'elle venait juste d'acquérir. Mais elle ne pouvait s'empêcher de dire, tout de suite après, combien elle l'avait payé.

• *Le narcissique est égocentrique,* ce qui peut être un atout, car cela lui permet de concentrer toute son énergie sur son ascension vers le succès. Je connais peu de professeurs d'universités qui ne soient pas atteints par cette « maladie », car pour parvenir à cette position, ils ont justement tiré parti de cette tendance. Et que dire des écrivains, qui sont toujours si fiers de leurs « créatures »... Qu'ils aient écrit un roman ou un essai, lorsqu'ils en parlent, ils ne peuvent s'empêcher de dire, plus ou moins clairement : « Ce n'est pas parce que c'est moi qui l'ai écrit, mais c'est vraiment un bon livre ! »

Bref, les narcissiques sont des personnes où dominent la vanité, de grandes ambitions sentimentales et professionnelles, et le souci de son apparence extérieure. Pour ces gens, qui se prennent pour le centre du monde, la zone la plus importante de leur corps est leur nombril !

Rappelons cependant qu'il existe une ligne de démarcation entre un penchant que l'on peut décrire comme une juste ambition, de l'amour-propre, une volonté de s'affirmer, et une polarisation de toute son existence autour de ces objectifs. Le narcissisme est comparable au sel dans les aliments : en petite quantité, il les relève, mais en quantité excessive, il peut les rendre immangeables.

On peut penser que le narcissique a une excellente opinion de lui-même, et que, pour cette raison, il désire être aimé, respecté et admiré [4]. Les règles applicables au commun des mortels ne sont pas faites pour lui et il n'a donc pas à les suivre. Je serais plus réservé à propos de la force du Moi dans cette personnalité. En fait, beaucoup de narcissiques doutent de leur valeur et passent toute leur vie à chercher des confirmations, à travers leur engagement personnel, notamment en faisant savoir « à l'extérieur » qu'ils sont au-dessus du lot. Par exemple, il est très important, pour eux, de pouvoir montrer qu'ils connaissent des célébrités.

La culture actuelle du « paraître », telle qu'elle nous est présentée en particulier à travers la télévision, sert de caisse de résonance au narcissisme. Passer à la télévision est un indice de réussite, indépendamment de ce qu'on y dit. Et des apparitions fréquentes finissent même par faire oublier le contenu des discours. Les publicitaires, qui savent bien gérer ces mécanismes, mettent en avant les caractéristiques positives d'un produit par une sorte de formule magique consistant à transférer les qualités d'un objet très demandé à ses éventuels acheteurs. « Mange des épinards, et tu deviendras aussi fort que Popeye », nous disaient-ils quand nous étions petits. Et ils continuent d'exploiter cette stratégie : buvez cette bière et vous séduirez une blonde, achetez cette voiture et vous passerez votre vie dans des lieux de rêve, portez cette montre et votre succès sera assuré.

Le bon narcissisme fait partie de l'ambition personnelle et de la vie relationnelle. Dans ce chapitre, cependant, nous en analyserons les aspects moins plaisants et moins positifs. Sans oublier ce qui a été dit jusqu'ici, nous nous efforcerons de déterminer la part de narcissisme en chacun de nous. En effet, comme le disait La Rochefoucauld [5] : « Ce qui rend la vanité des autres insupportable, c'est qu'elle blesse la nôtre ! »

Les types de narcissiques

Le narcissique pourvu de qualités est sympathique, ou tout au moins intéressant, tant que l'on ne se rend pas compte de ses difficultés à communiquer avec les autres. Mais certains narcissiques sont, en revanche, antipathiques dès le premier abord.

Le séducteur

Mathieu, un architecte de trente-six ans, a toujours eu un certain succès avec les femmes. C'est un excellent séducteur. Chaque fois qu'il tombe amoureux (ou qu'il croit tomber amoureux), il sait être d'une extrême galanterie, il envoie des poèmes, des roses, des cadeaux extrêmement coûteux. Mais il suffirait de visiter en cachette sa maison de vieux garçon pour éprouver une certaine inquiétude. Partout, jusque dans sa chambre à coucher, les murs s'ornent de très belles photos qui le représentent lui et lui seul (au bord de la mer, en plein désert, dans une ville étrangère, etc.).

Xavier, qui a pratiquement le même âge que Mathieu, plaît lui aussi aux femmes, mais il commet toujours la même erreur. Voici ce qui s'est passé avec Line, sa dernière conquête.

Lors de leur premier week-end ensemble, ce passionné de deltaplane a emmené sa nouvelle amie à la campagne, là où il s'entraîne. Après lui avoir fait quelques démonstrations de vols plutôt risquées, il a proposé de l'initier à ce sport. Mais même quand Line a su se lancer en deltaplane, il a continué, imperturbablement, à lui faire voir des astuces et des manœuvres, sans qu'elle n'ait rien demandé. Il n'avait que faire de ses progrès à elle, il voulait seulement se faire admirer.

Julie, elle, a fait l'erreur de tomber amoureuse d'un Don Juan narcissique. Cette pharmacienne de trente-six ans a vécu deux ans sur une petite île méditerranéenne où elle avait débarqué avec pour tout équipement un sac à dos et un grand désir d'échapper à une vie bourgeoise et banale [6]. Prédisposée à l'aventure, elle y a rencontré Gaétan, ex-contrebandier désormais gérant d'un restaurant ouvert en été sans aucune licence, d'une hygiène approximative, mais offrant une certaine chaleur humaine et une bonne cuisine. Fascinée par ce personnage hors norme, qui vivait en refusant toute loi et se permettait ce qu'elle n'avait jamais osé, elle s'est laissée courtiser et, manque de chance, elle est tombée amoureuse.

Très vite, Julie se met à espérer bâtir avec lui une vie différente et merveilleuse. Dès lors, elle est prête à tout, y compris à lui prêter de l'argent pour son restaurant. Elle admire sa façon de batailler avec la municipalité, qui le boycotte en lui coupant l'électricité.

Mais lorsqu'il se produit des incidents, c'est comme si c'était Gaétan lui-même qui n'avait plus de « jus ». Il devient sombre, il la fait manger et dormir dans le noir, il lui fait payer sa mauvaise humeur. Le lendemain, aux premières lueurs de l'aube, il est de nouveau passionné et lui fait l'amour comme un dieu païen...

Julie ne comprend pas encore que cet homme fascinant est un narcissique qui ne suit que ses propres pulsions, qu'elles soient colériques ou amoureuses. Pour lui, l'autre ne compte pas, et son point de vue encore moins. Julie ne peut qu'entrer dans le jeu émotionnel de Gaétan ou se résigner à être traitée comme une enquiquineuse.

Au terme d'un été de folie, cette femme reprend son travail et ne revoit son grand amour que le temps des vacances. Un jour, à son arrivée, il n'est pas à l'aéroport comme il l'avait promis. Il s'efforce ensuite de se faire pardonner grâce à une soirée romantique et une bouteille de bon vin du cru. Ce n'est que la première d'une longue suite de déceptions. Une autre fois, elle vient sur l'île par surprise pour leur anniversaire de rencontre. Malheureusement, il n'est pas seul : à côté de lui, au restaurant, il y a une jeune blonde. Pour Julie, c'est un coup de poignard. Elle cherche alors refuge chez une femme dont elle a fait la connaissance sur l'île, qui la console en lui disant qu'il a toujours été comme cela, qu'il faut le prendre comme ça ou laisser tomber.

Gaétan, ce narcissique à la fois attirant et insaisissable, continuera de plaire à Julie pendant une année encore, tant qu'elle continuera d'entretenir l'illusion que cette expérience lui apporte quelque chose. Au plus profond d'elle-même, elle croit encore que si avec les autres, Gaétan est un hédoniste égocentrique, avec elle, il va découvrir le véritable amour. Le jour où le voile de cette illusion se déchirera, elle pourra enfin guérir de ses peines de cœur et abandonner à tout jamais Gaétan et son île.

Le compétitif

D'emblée, Albert m'a fait une curieuse impression. En dépit de son jeune âge (il vient d'avoir trente ans), il est venu demander du Viagra pour être sûr de ne pas avoir de défaillance avec les femmes qu'il rencontre dans les grands hôtels, lors de ses déplacements professionnels.

Très vite, cet homme m'apparaît obsédé par l'idée d'avoir de bons résultats. Il parle beaucoup d'argent et peu de sentiments, insistant sur le fait qu'il faut se méfier des femmes qui veulent se marier pour se caser.

Cette incapacité d'aimer résulte d'une relation difficile avec ses parents. La mère d'Albert était plutôt effacée, alors que son père, très ambitieux, voulait que son fils réussisse à tout prix ses études d'avocat et reprenne l'entreprise familiale. Mais Albert a préféré fonder sa propre société, qu'il doit sans cesse développer pour démontrer qu'il a fait le bon choix. Si cette aspiration au succès dans sa vie professionnelle justifie en partie son comportement, elle crée de toute évidence des problèmes avec les femmes.

Albert est plein de méfiance, ce qui est un bon point dans son travail, car il est difficile de l'escroquer ou de lui faire signer un mauvais contrat. Mais cela complique énormément sa vie affective. Conséquence inéluctable de cette attitude : ses relations épisodiques avec des femmes sans doute intéressées face auxquelles il doit absolument faire bonne figure. Avec ce genre d'individus, on peut peut-être traiter d'affaires, mais pas avoir des échanges affectifs.

Ce comportement concurrentiel caractérise surtout les personnes fortunées, qui doivent constamment se mesurer à d'autres, tout aussi riches. En Suisse, j'ai connu des armateurs grecs qui, tout en ayant largement de quoi vivre sans problème, ne pouvaient s'empêcher de chercher des concurrents à leur hauteur. Et dans le passé, on pouvait fréquemment lire dans les journaux le récit des défis épiques entre Niarcos, Livanos ou Onassis.

Toutefois, la recherche perpétuelle d'un rival vous revient toujours comme un boomerang. Au début, elle semble donner de la force ; à la fin, que l'on gagne ou que l'on perde, elle laisse un grand vide ou une grande lassitude, comme dans le cas d'Albert. Nous avons tous besoin d'être mis en concurrence, mais il ne faut pas oublier que celle-ci doit constituer un moyen, et non une fin. La meilleure stimulation devrait être, avant toute autre, le défi que l'on se lance à soi-même.

Le vindicatif

Il y a des années de cela, à l'époque de la libération sexuelle, j'ai été le témoin d'une triste histoire, qui a culminé avec la fin de l'amitié entre deux couples qui se voyaient souvent et passaient même leurs vacances ensemble.

Une des femmes, Cécile, perdit brutalement l'oncle maternel qui l'avait élevée, ce qui l'ébranla fortement. Au lieu de l'aider à traverser cette douloureuse période, son compagnon, Alex, partit de son côté en disant qu'il avait besoin de passer des vacances seul. Désespérée et déçue, Cécile se tourna vers Frédéric, le fiancé de son amie Nicole, lequel, séduit par cet appel à l'aide, développa le « syndrome de Saint-Bernard ». Il se sentit obligé de la secourir et de la consoler mais, sans chercher à comprendre son véritable besoin, il coucha avec elle.

Découvrant ce forfait à son retour, Alex ressentit une grave blessure narcissique et se mit en tête d'essayer à son tour de séduire Nicole. Comme elle ne céda pas, il lui raconta que son fiancé l'avait trompée avec Cécile. L'affaire tourna à l'esclandre, l'amitié entre les deux couples vola en éclats et le village où ils résidaient se scinda en deux camps...

Ce beau gâchis aurait pu être évité en remontant à l'origine de l'histoire : la dépression qui avait poussé Cécile à demander de l'aide à Frédéric plutôt qu'à son compagnon absent. Mais Alex le narcissique éprouva le besoin de se venger et de tout détruire, causant plus de dommages que nécessaire.

Les Je-sais-tout

L'érudition peut traduire une certaine forme de narcissisme. Certaines personnes veulent toujours avoir raison, se vantent de tout savoir sur tout et s'empressent de donner leur avis à la moindre occasion. J'ai connu, dans cette catégorie, les personnes les plus diverses : des pêcheurs à la ligne, des experts en œuvres d'art, des spécialistes du vin, et même un infatigable organisateur de randonnées. Il encadrait des groupes de vacanciers à Chamonix et n'acceptait aucune contestation concernant le choix des excursions : il savait toujours mieux que tout le monde !

En matière médicale, les je-sais-tout sont plus obsessionnels et frisent l'hypocondrie. Ils savent tout sur toutes les maladies, y compris les plus rares ; ils vous conseillent le meilleur hôpital, le spécialiste le plus coté. Ce sont de véritables encyclopédies vivantes pour ce qui est d'émettre un diagnostic à partir des symptômes qu'ils énumèrent sans l'ombre d'une hésitation.

On rencontre aussi, dans un large éventail de domaines, des personnes incapables d'admettre qu'elles ont tort. Ainsi, les passionnés de bridge passent beaucoup de temps à jouer mais davantage encore à discuter, étant donné que dans ce jeu, comme en politique, il existe plusieurs solutions à une même situation. Ce qui autorise certains à défendre leur position à outrance.

Une variante plus féminine de cette attitude est le narcissisme « médiumnique ». Il touche en général les femmes qui, face à n'importe quel événement, y compris le plus imprévisible, déclarent tout de go : « Je le savais, je l'avais senti. » Qu'il s'agisse d'un train qui a déraillé, d'une inondation dans le midi ou d'un petit problème de famille, elles revendiquent, et même exhibent, une sorte d'intuition paranormale. Malheureusement, les seules prévisions qui pourraient avoir quelque utilité sont celles qui précèdent les catastrophes, et non celles qui les suivent. Au moment précis où leur faculté pourrait servir à quelque chose, elle leur fait défaut !

Aux origines du narcissisme

On peut penser que le narcissique est convaincu d'être supérieur aux autres. Son Moi hypertrophié lui permet d'être sincèrement convaincu de sa valeur. Il peut manquer du sens de la mesure et de l'autocritique, mais il n'est pas mal intentionné : pour lui, le fait d'être admiré et de réussir va de soi.

Le mythe de Narcisse [7] fournit toutefois une version plus pessimiste de cette tendance. Fils de la rivière Céphise et de la nymphe Lyriope, Narcisse était tellement beau qu'hommes et femmes tombaient follement amoureux de lui et qu'il provoqua le suicide de la nymphe Écho, elle aussi éprise de lui. Lors d'une partie de chasse, Narcisse s'approcha d'un étang pour boire et vit son image dans l'eau. Il en tomba amoureux à son tour et, ne pouvant l'attraper, sombra dans l'étang et se noya. À la place de son corps poussa la fleur qui porte désormais son nom. L'explication psychanalytique qu'en donna Freud [8] en 1914, ensuite développée par les écoles postfreudiennes de Chicago, a montré que le narcissisme comporte toute une gradation, du niveau le plus pathologique au plus raffiné.

• *Le narcissisme primaire* est lié au besoin d'être aimé, et donc digne d'exister. Il se développe très tôt dans le cadre des rapports mère-enfant et il est à l'origine de la confiance en soi, ce que les Anglo-Saxons nomment le « basic trust ». Pour que cette confiance naisse chez l'enfant, il faut autour de lui une ambiance chaleureuse. Didier Anzieu [9] a parlé du « bain sonore » que constituent les litanies de la mère qui parle à son petit, le « plongeant » dans un océan de mots câlins, de paroles douces et rassurantes, de propos sur ce qu'ils font ensemble, même s'il n'est pas encore en mesure de décoder le sens des mots.

Le narcissique [10] est celui qui se détourne de l'objet d'amour et s'enferme dans une orgueilleuse autosuffisance fondée sur l'idée qu'il n'a besoin de personne. Dans la relation mère-enfant, ce mouvement a un effet positif, puisqu'il réduit la dépendance à l'égard de la mère et qu'il fait naître chez l'enfant une capacité d'autonomie. La pathologie du narcissisme primaire ne s'exprime pas à travers les manifestations banales du narcissisme adulte, mais à travers des perturbations beaucoup plus graves, qui relèvent de la psychiatrie. Il s'agit de comportements délinquants : Moi hypertrophique pensant que tout lui est permis ; attitudes masochistes ou dépressives, lorsque les défenses narcissiques s'effondrent.

• *Les phases ultérieures de la formation de la personnalité* sont à l'origine des comportements moins pathologiques dont je souhaite parler ici. Dans le cadre de la relation œdipienne, l'enfant (fille ou garçon) cherche à « s'identifier » alternativement avec son père ou sa mère. Cette oscillation permet des identifications multiples et riches de sens. Mais lorsque les parents éprouvent, personnellement, de profondes insatisfactions, il arrive qu'ils prennent leur enfant à « témoin » de leur malaise et nuisent alors à l'harmonie de son développement. C'est ce qui s'est passé pour Gilles.

Rejeton d'une famille aisée de Cahors, Gilles a été pris en « otage » par une mère malheureuse et souvent seule, attendu que le père, un industriel versé dans la politique, se rendait souvent à Paris (où il avait des maîtresses).

Cette femme avait fait de son fils le « témoin » de sa situation, et lors des absences du père, elle le faisait dormir dans son lit, non pas pour satisfaire des désirs incestueux latents, mais pour ne pas se sentir seule. Gilles a alors développé le « syndrome du petit prince » : il a fini par être persuadé qu'il était le seul à pouvoir consoler sa mère. Toutefois, quand son père rentrait, il devait retourner dans sa chambre, parce qu'après leur inévitable dispute, ses parents dormaient néanmoins ensemble.

En grandissant, Gilles est devenu un être frustré, bien décidé à faire payer les autres hommes. C'est aujourd'hui un chef d'entreprise à l'ambition effrénée, convaincu qu'il n'existe qu'une seule place au soleil et qu'il doit se l'approprier. Il n'a pu mettre en œuvre le mécanisme d'identification qui lui aurait permis de se transformer « comme » son père en homme adulte ; il a pris la direction opposée et cherché à devenir adulte « à la place » de son père.

Le narcissisme est une phase normale du développement. L'enfant est naturellement égocentrique jusqu'au moment où, grâce aux exemples familiaux et à l'école, il apprend les principes de réciprocité et d'altérité. Mais cette évolution ne se produit pas chez certains qui continuent à faire passer le Moi avant le Toi et ignorent tout du Nous. Et cette attitude est bien souvent légitimée par la société de consommation qui, pour vendre, renforce ce droit de satisfaire exclusivement ses propres besoins.

Dans les relations affectives aussi, il faut passer par une réalisation narcissique et individuelle avant d'établir un lien avec l'autre. Certaines personnes, en général plutôt dépressives, se mettent à vivre *pour l'autre*. Or pour passer à la façon d'être plus élaborée qui consiste à vivre *avec l'autre*, il faut passer par une phase intermédiaire, celle du vivre *pour soi*. C'est seulement lorsqu'on a eu droit à un sain égoïsme que l'on peut négocier une interaction plus adulte. Sinon, on court le risque d'instaurer, au cours de sa vie, des rapports de pouvoir toxiques ou une coexistence dénuée de véritable communication, comme dans le cas de Pierre et Laura.

Ces deux quadragénaires sont tous deux très indépendants, au point que tout en vivant ensemble, ils ont chacun une télévision, une salle de bains et un téléphone. Mais leur rapport conjugal est « empoisonné » par une série de malentendus. Voici le dernier en date.

Un dimanche, Pierre « surfait » sur Internet dans le salon tandis que son épouse astiquait l'argenterie, corvée annuelle longue et ennuyeuse. Comme il n'entendait aucun bruit dans la maison, Pierre a continué de naviguer sans s'en faire, attendant qu'on l'appelle.

Un peu plus tard, Laura s'est énervée. Elle lui a reproché d'être toujours aussi égoïste et de passer son dimanche devant son ordinateur alors que leur fils de quinze ans était resté à la maison exprès pour passer du temps avec son père.

Ainsi a surgi le énième malentendu. Pierre ne s'est pas excusé, arguant que c'était toujours comme ça, que la communication ne passait jamais dans cette famille, tandis que Laura l'attaquait sur son comportement égocentrique qui avait causé cette nouvelle tension.

Lors de la séance qui a suivi cette dispute, nous avons mis le doigt sur les points faibles de leur communication de couple : chacun ne s'adresse qu'à lui-même, aucun d'eux ne parle à l'autre. Ainsi, ce dimanche, Pierre imaginait qu'on l'appellerait, tandis que Laura croyait que son mari allait s'occuper de la famille. Chacun n'a pris en compte que ses propres pensées, et aucun des deux n'a eu l'idée d'éclaircir les choses en parlant tout simplement à l'autre.

Les domaines privilégiés du narcissisme

Tâchons maintenant de voir dans quels domaines le narcissisme est le plus flagrant, et tout d'abord le sexe.

Au lit !

Selon Eugène Monick [11], le phallus apparaît, dans la mythologie, comme une image sacrée et, dans l'histoire, comme l'instrument agressif du pouvoir patriarcal. Ainsi s'est développé l'idée selon laquelle la quantité des expériences sexuelles compterait davantage que leur qualité. Nombreux sont les hommes en quête de normalité qui, en consultation, demandent avec angoisse quelle est la taille d'un sexe en érection, combien de temps dure un rapport et quelle est la bonne fréquence par semaine ou par mois. Ces personnes, qui confondent la partie avec le tout, résument leur narcissisme à un organe de leur corps, au risque de transformer l'homme en pénis.

Le succès que connaît actuellement le Viagra doit faire réfléchir à cette dimension cachée du narcissisme masculin. Ce n'est pas un hasard si les aphrodisiaques ont toujours été le monopole des hommes et s'ils ont toujours promis non pas un plaisir partagé, mais des performances exceptionnelles. Il paraîtrait même qu'il y a désormais des prostituées qui proposent l'aide du Viagra. Ce qui veut dire que le rapport sexuel, qu'il soit payant ou non, ne consiste plus à faire l'amour avec une femme, mais à se « masturber dans un vagin ».

Lors des nombreuses conférences de psychologie médicale auxquelles j'ai participé, j'ai souvent dû insister sur le fait que la dimension pulsionnelle de la sexualité ne doit pas faire oublier son importance relationnelle. Autrement dit, il ne sert à rien de produire, à l'aide de prothèses ou de médicaments, des érections de champion, si on est ensuite incapable d'établir un lien avec son partenaire.

De même, la recherche d'orgasmes féminins multiples a été interprétée non pas comme une forme de plaisir pris ensemble, mais comme un nouveau sacrifice sur l'autel du narcissisme masculin : si la femme a longtemps été valorisée par le nombre d'enfants qu'elle donnait, aujourd'hui, l'ego de monsieur est flatté par le nombre d'orgasmes qu'il peut provoquer chez sa compagne !

Toutefois, le narcissisme phallique n'est pas une exclusivité masculine. Il est de plus en plus fréquent chez les femmes aussi. Joëlle en est une illustration.

Cette femme de quarante ans, belle mais très envahissante, est venue consulter parce qu'elle n'arrive pas à avoir d'enfant. Jusqu'à trente-sept ans, cela ne la préoccupait pas, puisqu'elle privilégiait sa carrière. Aujourd'hui qu'elle a trouvé le compagnon qu'elle cherchait, elle souhaite plus que tout s'accomplir dans la maternité.

L'homme qu'elle aime s'appelle Albert. C'est un syndicaliste très connu, avec lequel elle a commencé par vivre une folle passion, fondée sur une vie sexuelle intense et de nombreuses querelles idéologiques. Au début, ils se disputaient sur des questions de politique. Aujourd'hui, ils s'opposent sur ce projet d'enfant qu'Albert, divorcé et père de quatre enfants, envisage sans grand enthousiasme.

Joëlle essaie de tomber enceinte avec une volonté toute directoriale, pour ne pas dire obsessionnelle. Elle se sent cependant peu soutenue par Albert, qui l'accompagne contre son gré à ses visites médicales. Et lorsqu'on leur a proposé de tenter une fécondation in vitro (FIV), il s'est insurgé avec toute sa fougue de syndicaliste extraverti. Depuis, Joëlle a régulièrement des cystites et présente une inflammation vulvaire et vaginale progressive qui interdit les rapports sexuels.

Dénuées de raison pathologique, ces douleurs au moment des rapports sexuels sont sans doute d'origine psychologique : les dyspareunies sont fréquentes chez les femmes actives, de style « phallico-convexe » et non « concavo-réceptif », chez qui l'agressivité l'emporte sur la sensualité. Joëlle trouve que la réussite d'Albert est encombrante et lui fait de l'ombre. Elle ne supporte pas de vivre dans sa lumière, elle se plaint des injustices que subissent les femmes et fustige les privilèges masculins (et machistes).

Pourtant, c'est elle, en réalité, qui présente une personnalité phallique, totalement orientée vers le « dehors » et la réussite. On comprend mieux, dès lors, sa dyspareunie, peut-être due au fait que le « dedans » (le vagin) est considéré comme un inconvénient, et non comme un plus. Dans cette lutte de pouvoir, elle ne supporte pas de ne pas pouvoir contrôler la fertilité de leur couple. Et elle veut un enfant à tout prix, parce qu'elle ne tolère pas l'échec.

En famille

Certains narcissiques sont « totalitaires » : ils présentent ce comportement aussi bien en public qu'en privé. D'autres sont des bourreaux au bureau et des agneaux à la maison. D'autres encore sont de dociles ronds-de-cuir au travail et donnent libre cours à leur volonté de domination une fois rentrés chez eux. D'autres, enfin, gèrent leur famille comme une entreprise.

Ainsi, Camille, soixante-deux ans, est un brillant cadre supérieur. Sa vie professionnelle est vertigineuse et il occupe bien ses trois secrétaires. Né dans une famille modeste, il est actuellement cadre d'une multinationale, après avoir été le chouchou de l'administrateur délégué. En affaires, il vit une course en avant perpétuelle, convaincu qu'une foule de jeunes ambitieux sont prêts à prendre sa place au premier signe de fatigue ou d'inefficacité.

Pour cet homme, marié et père de deux enfants, la famille représente son point fixe, mais elle est en même temps le témoignage vivant d'un passé modeste qu'il refuse. L'univers de Camille a toujours été plein de femmes météores, qu'il aime exhiber dans les diverses réceptions officielles où il se rend. Sonia, son épouse, s'est beaucoup occupée de leurs enfants tout en réussissant à exercer sa profession d'architecte d'intérieur. Pendant vingt ans, elle a été une femme active puis, peu à peu, elle s'est laissée enfermée dans leur maison de campagne, près de Toulouse, où Camille la rejoint de temps en temps quand il a besoin du « repos du guerrier ».

Camille se comporte à l'instar de l'homme préhistorique qui allait chasser des femmes comme des proies et rentrait ensuite dans sa caverne pour dormir et panser ses blessures. Il reproduit en famille et dans ses rapports avec l'autre sexe le comportement tribal qui a donné des résultats au travail et grâce auquel il est respecté, du moins tant qu'il restera efficace.

Sonia ne peut plus vivre avec un narcissique qui gère ses proches comme une entreprise. Certes, son mari apporte encore des énergies positives à sa famille, mais il néglige son couple. Leurs deux enfants ont désormais la trentaine et sont bien installés dans leur vie professionnelle. Et quatre petits-enfants ont vu le jour.

Que faire, à soixante ans, avec un mari séduisant et narcissique, après quarante ans de vie commune qui n'ont de toute évidence pas produit uniquement des résultats négatifs ? Accepter la situation ? S'en aller et refaire sa vie ? Commencer à dicter ses conditions, pour ne pas toujours être la victime du programme de l'autre ?

Sonia a opté pour cette dernière solution : elle a consulté un avocat pour connaître ses droits et, curieusement, elle a loué les services d'un détective afin d'étudier les points faibles de son mari. Par ailleurs, elle a décidé de dépenser un peu plus de l'argent qu'il gagne pour aller dans un institut de beauté et, sans doute, s'accorder le petit lifting dont elle rêve depuis longtemps.

Sonia sortirait perdante d'un choc frontal avec Camille, mais une soumission excessive finirait aussi par saper son bien-être physique et mental (elle souffre d'ailleurs déjà de gastrite). Sonia ne pourra peut-être sauver sa vie qu'en recouvrant une partie de ses droits et en s'écartant du cyclone narcissique qu'est son mari.

Il faut, toutefois, établir une distinction entre les « couples symétriques » et les « couples complémentaires ».

• *Dans les couples symétriques*, au sein desquels les deux partenaires ont des ambitions analogues, le narcissisme de chacun risque d'exploser quand les besoins ne sont plus en harmonie. Ces unions tiennent lorsque les ambitions servent, ensemble, à poursuivre une réussite commune. Cette tendance a été illustrée par les *yuppies* puis par les *dinks* (*double income no kids*, « deux salaires sans enfant »), ces nouveaux égoïstes qui veulent, sans s'encombrer d'enfants, avoir deux revenus pour pouvoir profiter au maximum de leurs vacances et des longs week-ends. En fait, si ces couples ont des objectifs ou des ennemis communs, le dialogue interne est bien souvent limité. Et ils risquent de se retrouver en conflit lorsque les partenaires cessent d'évoluer de façon symétrique.

Ainsi, Émile, brillant universitaire, avait rapidement atteint le professorat. Sa femme Carole, universitaire elle aussi, assumait les enfants. Passée la cinquantaine, cet homme a commencé à souhaiter que son épouse s'occupe aussi de lui. Mais Carole, après avoir joué l'épouse et la mère, avait décidé de faire elle aussi évoluer sa carrière et de partir enseigner dans une ville différente de celle où travaillait son mari. Ce soudain désaccord a déclenché un grave conflit et mis en péril leur couple.

• *Dans les couples « complémentaires »*, qui présentent une « collusion narcissique » : l'un est le narcissique patent et l'autre vit de la lumière qu'il réfléchit. C'est le cas de Laurent, trente-trois ans, et de Sophie, trente ans, deux jeunes cadres prometteurs, mariés depuis quatre ans. Sophie, très amoureuse, a accepté de partir dans une autre ville pour suivre son mari, mais elle a été déçue par le fait qu'au-delà des premiers mois, Laurent a presque totalement renoncé au sexe.

Cet homme, toujours bien habillé et très poli, est en réalité un « handicapé émotionnel », ce qu'il cache derrière un vernis de respectabilité. Il porte des vêtements à la mode, il possède la voiture qu'il faut, il lit le *Wall Street Journal* ou tout au moins le pose avec ostentation sur mon bureau. Quand je lui demande pourquoi sa libido est si faible, il me répond que la cause doit être hormonale, mais qu'il ne veut pas pour autant être aidé.

Laurent préfère nier son insuffisance sexuelle, laquelle constitue une insupportable fissure dans sa façade narcissique. Il ne se demande même pas si son absence de désir peut gêner une jeune femme amoureuse. Il est égocentrique, hypercontrôlé et hypercritique. Il vit les rapports sexuels avec détachement. Son affectivité est comme pétrifiée.

Sophie est tout le contraire. Complémentaire à outrance, elle pense non pas à elle mais à son mari, et se remet sans cesse en question. C'est une anxieuse chronique. Elle fait tout ce qu'elle peut pour aider son narcissique de mari, qu'elle idolâtre, mais en vain.

Le couple poursuit quelque temps cette vie à deux, sérieuse et formelle. Le mari continue de vampiriser l'énergie de sa femme, tout en l'accusant d'être ennuyeuse et pas à la hauteur alors que c'est lui qui a une libido et des émotions figées. Et puis, un jour, Sophie accepte les avances d'un collègue.

Elle avoue très vite cette infidélité à Laurent, dont le fragile narcissisme prend un méchant coup. D'abord, il veut divorcer tout de suite, puis il lui demande de revenir, mais au lieu d'essayer de comprendre et de pardonner, il l'accuse et la critique. C'est à ce moment-là que Sophie commence vraiment à sortir de son rôle de figure complémentaire et coupable. Grâce aussi à sa psychothérapie, elle demandera le divorce, afin d'en finir avec un mariage qui n'en est plus un. Dans un premier temps, Laurent acceptera sa décision, puis il se vengera à travers de nombreuses représailles financières, pour ne pas faire figure de perdant. Et pour sauver la face, du moins en société, il se vantera d'une histoire extrêmement érotique avec une amie de sa secrétaire !

Après soixante ans : quand les narcissiques vieillissent

Le narcissique lutte en permanence contre tout ce qui menace son image, et donc aussi contre le vieillissement. Certains, assez souples, ont un Moi idéal qui s'adapte à leur âge, ce qui leur permet de tenir le coup. Pour d'autres, les années qui passent deviennent l'ennemi numéro un. C'est le cas notamment des sportifs qui, ne supportant pas de baisser de niveau, ont souvent du mal à accepter de vieillir. Il n'est pas rare qu'ils finissent par se doper ou par boire pour se consoler de leurs échecs, ce qui mène parfois à l'obésité, problème caractéristique de ceux qui se retirent de la compétition.

Généralement, les femmes sont plus sensibles que les hommes au mythe de la beauté et au poids des ans. Leur narcissisme mis à mal peut en faire des maniaques du bistouri (on commence par le tour des yeux et on finit par la liposuccion) et entraîner des comportements ou des transformations dont le but n'est pas d'être mieux mais de fournir des solutions de « substitution », c'est-à-dire de remplacer ce qui n'est plus là : la jeunesse.

On peut citer le cas extrême de l'américaine Jocelyne Wildenstein, dont le divorce avec un mari milliardaire a fait grand bruit. Son visage a été tellement retouché, avec ses lèvres gonflées de silicone, qu'elle est pratiquement défigurée. Cette ex-belle femme a d'ailleurs déclaré au tribunal qu'elle avait été presque contrainte de subir des interventions de chirurgie plastique (innombrables, en vingt ans de mariage), afin de satisfaire non seulement son narcissisme à elle, mais aussi la paranoïa d'un mari terrorisé par les marques du temps.

Les années passant, beaucoup de narcissiques sont saisis par le « démon de midi », ce diablotin qui pousse (autrefois vers la cinquantaine, maintenant souvent plus tard) à des comportements sentimentaux imprévisibles et passionnels. Mus par un désir de changement, certains se lancent alors dans des expériences nouvelles avec des partenaires plus jeunes, ce qui leur donne l'espoir et parfois l'illusion d'arrêter le cours du temps. En 1998, la revue italienne *Panorama* [12] a consacré un numéro à ce phénomène. Il y était question d'hommes du milieu de la finance, de la culture et de la politique qui, grâce à une femme de dix ou vingt ans plus jeune, n'avaient pas seulement pourchassé une illusion mais véritablement rajeuni en trouvant un style de vie plus dynamique et plus satisfaisant.

Les narcissiques en scène

Certains narcissiques cherchent à attirer l'attention des autres en adoptant des comportements théâtraux. S'ils parlent d'autres gens, ils exagèrent soit dans le sens de l'idéalisation, soit dans celui de la critique, et quand ils racontent des événements, leur description, imprécise et dénuée de références objectives, est plus émotionnelle que rationnelle. Le costume et les accessoires, comme le portable et la voiture, sont indispensables à leur rôle. Dans l'ensemble, toutefois, ce sont de mauvais acteurs : ils ont une attitude instable et jouent plutôt faux.

Dans l'ancienne terminologie psychiatrique, on parlait à leur sujet de « personnalités hystériques ». Depuis 1980, cette expression a disparu de la classification officielle du DSM (*Manuel diagnostique et statistique des troubles mentaux*), d'abord parce que l'adjectif « hystérique » renvoie, étymologiquement, à l'utérus et semble indiquer un trouble uniquement féminin (alors que les hommes aussi peuvent le présenter). Ensuite, parce que dans le langage courant, ce terme a pris une connotation négative et entretient la confusion entre les hystériques mythomanes et les simulateurs délibérés.

Nous devons néanmoins une fière chandelle à ces hystériques, puisque leur narcissisme a attiré l'attention de Sigmund Freud [13] et que c'est en observant les patients de la bonne société de Vienne qu'il jeta, au début du siècle, les fondements de la théorie psychanalytique.

Les hystériques sont des narcissiques qui ont une vision du monde infantile et égocentrique. Peu sûrs d'eux-mêmes, ils cherchent constamment des confirmations de leur valeur à travers le regard fasciné qu'ils suscitent chez les autres. Le monde du spectacle est empli d'individus qui utilisent leur face brillante pour séduire des millions de fans et parvenir au succès. Mais les avocats, les hommes politiques et les publicitaires peuvent, eux aussi, attirer les foules en jouant sur les émotions.

Toutefois, la différence entre une personnalité théâtrale et une personnalité véritablement charismatique est vite perceptible : l'une *exhibe*, l'autre *montre*. Les personnes de valeur, qui ont confiance en leurs possibilités, n'hésitent pas à montrer les qualités qu'elles pensent posséder, alors que les autres mettent en avant ce qu'ils n'ont pas.

Tout comme l'exhibitionniste sexuel est excité par l'effet de surprise ou la peur qu'il provoque, la personnalité théâtrale ne vit qu'à travers les émotions qu'elle parvient à susciter. Autrement dit, l'hystérique est un « narcissique faible », qui ne supporte pas longtemps la confrontation, contrairement aux phalliques et aux agressifs dont il a été précédemment question. Voyons d'un peu plus près ses caractéristiques.

• *L'hystérique est incapable d'introspection.* Quoique égocentrique, il ne peut s'observer vraiment et n'a pas conscience de sa façon de faire.

Véronique, trente-sept ans, est une femme très impulsive qui se repent ensuite de ses actes. Elle a trompé par trois fois son mari (qui l'adore). À chaque fois, elle a fini par le lui avouer, au nom d'une loyauté qui est en réalité de l'aveuglement quant aux raisons cachées de son comportement.

Quand elle est déprimée, Véronique a besoin de séduire pour se sentir vivante. Ensuite, la situation lui échappe. Elle a eu une aventure avec l'infirmier qui s'occupait d'une tante malade, puis avec le marchand de fruits et légumes qui lui vendait ses primeurs et, plus récemment, avec le pédiatre qui avait si gentiment soigné son petit garçon !

Avec son mari, elle a créé un rapport de dépendance réciproque. Elle a besoin de lui, même si elle le trompe ; il a besoin d'elle et il la retient grâce à son éternel pardon. Les compagnons des hystériques deviennent fréquemment des « infirmiers du cœur », car lorsque la séduction ne marche pas, ces femmes régressent et appellent à l'aide à travers des maladies fonctionnelles souvent imaginaires.

Petite déjà, Véronique faisait chauffer le thermomètre en douce sur le radiateur pour faire monter artificiellement sa fièvre. Aujourd'hui encore, elle se plaint de maux de tête ou de vertiges pour se faire plaindre et dorloter par son mari. Elle n'a aucunement conscience de l'avoir transformé en « infirmier ».

• *L'hystérique est peu fiable.* C'est à un congrès de médecine que j'ai fait la connaissance de Jacques, organisateur sympathique et extraverti, toujours prêt à offrir un café et, dans la foulée, à vous proposer d'organiser à deux quelque manifestation scientifique. À chaque fois, je lui demande de m'envoyer un fax de confirmation mentionnant ses propositions et ses conditions, mais je ne reçois que des notes imprécises. Jacques est un homme pittoresque et amusant, mais on ne peut pas lui faire confiance.

• *L'hystérique est excessif.* Patricia, quarante ans, est une véritable graphomane. Tout en elle est excessif, à commencer par son flot de paroles. Elle me raconte que sous le coup de l'émotion, en venant à sa séance, elle a grillé un Stop et a dû payer une forte amende. Je lui dis que je ne m'en sens pas responsable (contrairement à ce qu'elle l'espérait) et elle se lance alors dans le récit de sa difficile vie sentimentale.

Tous les hommes qu'elle aime s'évanouissent comme neige au soleil. Le dernier en date, un architecte posé et sensible, a été touché par un poème qu'elle lui a dédié, mais il a pris ses distances lorsqu'elle lui a envoyé une flamboyante déclaration épistolaire. Certes, c'était une belle lettre (moi aussi, pour lui faire plaisir, j'ai dû la lire), mais elle était déplacée puisqu'il n'y avait rien entre eux.

Patricia est une femme pleine d'originalité, mais ses idées tombent mal à propos. Elle est peu diplomate, ne sait ni mentir ni attendre et ses stratégies d'approche sont médiocres, car elles ne tiennent compte que de son monde intérieur, et non des besoins de l'autre. L'architecte déjà inquiet s'est défilé pour de bon quand elle lui a rappelé le week-end à la mer qu'il lui avait promis. Or il avait juste émis cette idée au milieu des banalités de leur première rencontre, et en mettant l'accent sur son intérêt pour le ski nautique !

• *L'hystérique est ésotérique.* Le grand succès du mouvement New Age a favorisé une variante spirituelle de l'hystérie. L'union entre la spiritualité orientale et le mysticisme, ainsi que la mise en avant de l'intuition et de la sensorialité, ont ouvert largement les portes à la subjectivité et aussi à l'égocentrisme.

Christine (Chris pour ses intimes) est une femme élégante, intelligente et nourrie de lectures de psychologie humaniste. Elle a, malgré tout, du mal à donner un sens à sa vie de quadragénaire. Elle n'a jamais voulu se marier et elle doit maintenant se débrouiller avec deux enfants de pères différents et qui vivent assez loin. Eh bien, au lieu de leur téléphoner régulièrement, elle communique avec eux par tarot.

Cette femme végétarienne, qui s'étonne que sa fille soit un peu anorexique, pratique aussi la chiropraxie et l'acupuncture. Elle a tellement besoin d'être écoutée qu'elle multiplie les situations thérapeutiques, ce qui lui permet de se faire entendre moyennant paiement. Sa spécialité est l'érotisation des relations professionnelles : elle tutoie les thérapeutes qui l'y autorisent et a même consulté un exorciste !

COMMENT VIVRE MIEUX ?

Changer un narcissique ? Mission quasiment impossible. Les stratégies doivent plutôt viser à trouver un modus vivendi aussi supportable que possible, une sorte d'écran de protection. Voici quelques conseils.

1. Développez l'humilité complémentaire. Rappelez-vous la fable du corbeau et du renard. Maître Goupil serait-il parvenu à ses fins si l'oiseau avait été moins crédule et s'il n'avait été séduit par ses flatteries ? Tâchons donc, nous aussi, d'être un peu « renards » avec les narcissiques. Ils vous prennent de haut ? Acceptez d'adopter une attitude d'humilité complémentaire. Ils ont envie de parler beaucoup ? Acceptez de leur prêter une oreille bienveillante ou patiente, aussi longtemps que possible. Soyons honnête : chacun de nous, au fond, voudrait capter l'attention comme il le faisait dans sa petite enfance. Si vous savez mettre votre narcissisme en sourdine, paradoxalement, vous serez appréciés et loués par le narcissique... parce que vous, vous savez l'écouter avec intelligence !

2. Respectez les formes. Quand j'étais jeune interne à l'hôpital de Genève, j'ai participé à la sortie annuelle en montagne. À cette occasion, j'ai été très surpris de voir que certains médecins-chefs adjoints, quoique excellents skieurs, se gardaient de dépasser sur la piste le chef de service qui, tel un adjudant, guidait sa troupe comme à la parade. Les narcissiques, du moins ceux qui ont déjà fait du chemin, sont très sensibles aux formes de respect social. Pour eux, il n'y a de pouvoir que s'il est reconnu de l'extérieur. Il suffit donc de se plier à ces règles pour qu'ils soient satisfaits. Et du même coup, ils font preuve d'une plus grande souplesse.

3. Sachez faire les compliments mérités. Il ne s'agit pas de simple flatterie, car les narcissiques intelligents y sont habitués et ne l'apprécient guère. Il s'agit plutôt d'expliciter tous les aspects positifs de leur façon de faire ou de les souligner à bon escient. Ainsi, si votre partenaire (mari ou femme) a des velléités de préparer des plats sophistiqués, il ne faut pas le féliciter *a priori*, mais savoir goûter une épaule d'agneau parfaitement à point (si c'est le cas) en omettant d'émettre des commentaires sur les autres plats qui ne sont peut-être pas aussi réussis. Le narcissique, à l'instar de l'inguérissable Casanova, est toujours à la recherche de confirmations. Pourquoi lui refuser cette satisfaction, quand on la trouve légitime ?

4. Expliquez-leur les réactions des autres. Si le narcissique peut être réfrigérant, c'est parce qu'il ne lâche jamais le fil de son raisonnement et qu'il est comme aveugle aux réactions de ceux qui l'entourent. On peut l'aider [14] en se faisant l'interprète des pensées des autres :

faire comprendre le point de vue d'un interlocuteur ou relativiser le sens des événements peut avoir sur un individu de ce genre un effet tout à fait thérapeutique.

5. Renoncez à la réciprocité et à la gratitude. Ne demandons pas au narcissique d'avoir des qualités qui lui sont étrangères. Puisqu'il pense que tout lui est dû, il éprouvera rarement de la reconnaissance, sentiment qu'il tient pour une marque de faiblesse, et refusera la réciprocité qui est l'aveu d'un besoin d'échange. On peut tout au plus proposer un exercice de « troc », comme le fait Donata Francescato, professeur de psychologie à Rome, au cours de ses séminaires de psychologie sociale. Les participants sont invités à offrir aux autres quelque chose qu'ils ont et à demander quelque chose qu'ils n'ont pas. Les narcissiques accomplissent facilement le premier pas. Ils ont, en revanche, beaucoup plus de mal avec le second !

CHAPITRE II

Les paranoïaques

Bertrand, cinquante ans, bisexuel, est un ami de longue date. C'est un homme sympathique, excellent commerçant, très attentif à son apparence physique. Derrière ce portrait de gagnant se cache pourtant une personnalité hypersensible. Si l'on ne le tient pas suffisamment en considération, Bertrand pense tout de suite qu'on veut le critiquer et qu'au fond, on n'accepte pas ses penchants sexuels.

En dépit de notre confiance mutuelle, fondée sur une amitié vieille de trente ans, il fait régulièrement, avec moi, des crises d'« interprétativité pathologique » : une impulsion irrépressible le pousse à vouloir interpréter mes faits et gestes, le plus souvent dans le sens négatif. Il n'est pas malade et ne souffre pas de délire de persécution au sens psychiatrique, mais sa vision de la réalité est troublée par un doute permanent vis-à-vis de lui-même. Comme l'a bien expliqué Freud dans le cas Schreber, Bertrand fait preuve d'un très grand sens critique à l'égard de ses propres pulsions, mais pour ne pas sombrer dans la dépression, il doit projeter hors de lui le persécuteur qui l'habite.

Claire, soixante et un ans, est, elle, extrêmement sensible à toute remise en question de son point de vue. Elle est désormais à la retraite, après avoir été un professeur apprécié. Dix mois après la mort de son père, elle a fait une grave dépression, et depuis, son sentiment de n'avoir aucune valeur s'est accentué.

Contrairement à Bertrand, Claire n'est pas agressive, ni hautaine et projective, mais son caractère ombrageux complique sa vie relationnelle. Il suffit parfois d'une banale discussion qui s'est mal terminée pour qu'elle soit clouée au lit pendant deux jours, et il faut tout l'amour de son mari et de sa fille pour lui faire retrouver l'énergie nécessaire à la reprise d'une socialité plus ou moins normale.

Bertrand et Claire sont deux exemples de personnes affligées de petites paranoïas. Ils vivent parmi nous, mais rendent l'existence un peu plus compliquée aux autres et à eux-mêmes.

Paul Watzlawick [1] raconte une histoire qui illustre parfaitement ce type d'attitude. Un homme veut accrocher un tableau. N'ayant pas de marteau, il décide d'en emprunter un à son voisin. Mais avant d'aller le trouver, il est saisi d'un doute : « Et s'il ne veut pas me le prêter ? Hier, il m'a à peine dit bonjour ; il était peut-être pressé, à moins qu'il n'ait été fâché contre moi. Et pourquoi cela ? Je ne lui ai rien fait, et si quelqu'un me demandait un outil, je le lui prêterais sans hésiter. Pourquoi pas lui ? Il y a vraiment des gens qui ont le chic pour gâcher la vie des autres. En plus, il s'imagine que j'ai besoin de lui pour la simple raison qu'il a un marteau. Allez, ça suffit ! » Il se précipite sur la sonnette de son voisin. Et quand celui-ci ouvre la porte, il s'écrie : « Tu peux te le garder, ton marteau, espèce de goujat ! »

Ce genre de personnes, maladroites et un peu parano, passe leur temps à projeter leur monde intérieur sur la réalité extérieure. Et elles sont totalement convaincues d'être dans le vrai. Cela me rappelle un film américain très amusant, *Swingers* [2], dont le héros, seul depuis peu contre son gré, rencontre une jeune fille dans une discothèque. Encouragé par des amis, il l'aborde et lui demande son numéro de téléphone. Quand il sollicite leur avis sur le moment opportun pour l'appeler, ils lui conseillent de laisser passer deux jours, voire une semaine. Mais il est incapable d'attendre et il se rue sur son téléphone à peine rentré, à une heure du matin. Comme elle ne répond pas, il laisse une série de messages sur son répondeur, tous plus délirants les uns que les autres. Cela commence par : « Nous venons de faire connaissance, tu te souviens ? » On en arrive ensuite à : « Je sors d'une longue histoire, il faut que je te le raconte... » Et cela finit, au terme d'un crescendo surréaliste, par : « Il vaudrait mieux ne pas se revoir pendant quelque temps. » Dans un monologue à mourir de rire, il vit toutes les étapes d'une histoire qui, en réalité, n'a même pas commencé.

Les paranoïaques ont bien souvent été des enfants tristes qui, en devenant adulte, ont continué de souffrir. Ils vivent « à nu », c'est-à-dire sans protection entre le monde et eux, ce qui les rend particulièrement susceptibles. Ils sont sensibles à l'atmosphère allusive des choses non dites, et avec l'arrogance caractéristique des timides, il provoque une réaction de refus chez les autres. Le psychiatre Claude Olievenstein [3] cite, à ce propos, l'exemple d'une vieille dame dont la place avait été prise, par erreur, dans le train. Bien que le coupable, après s'être excusé, ait changé de siège, la dame a continué de se plaindre, étendant le champ de ses récriminations au sort injuste réservé aux personnes âgées, lesquelles ne sont plus bonnes qu'à « mourir comme des chiens abandonnés ».

Certains de ces êtres difficiles ont cependant une audace qui fait défaut au commun des mortels. Et ce n'est pas un hasard, nous allons le voir, si l'on trouve beaucoup de paranoïaques parmi les héros et les fanatiques. À côté d'une grande dureté, ils ont assez peu d'imagination, car ils sont comme muselés par un respect exagéré de la loi qui fait de toute transgression, même imaginaire, un grand tourment. Cette rigidité dissimule la crainte que le regard d'autrui ne découvre leurs pulsions sexuelles secrètes. En réalité, le parano a une sexualité normale, même si certaines subtilités de l'éros et de l'hédonisme lui restent inconnues.

Fanatiques et héros : méfiance !

Le mécanisme qui fait agir les fanatiques est bien décrit dans le film *Air Force One* [4]. Harrison Ford, qui incarne le président des États-Unis, est confronté à une bande de terroristes qui détournent son avion et qui, sans aucun scrupule, abattent les otages pour libérer un compatriote emprisonné.

Le fanatisme se caractérise par l'absence d'autocritique ainsi que par un sentiment de puissance qui fait commettre des actes parfois héroïques, mais plus souvent destructeurs et hors-la-loi. La possibilité de traiter d'égal à égal, voire d'humilier le président des États-Unis, produit l'effet d'un sniff de cocaïne : elle permet de se sentir tout-puissant.

• *Une histoire personnelle difficile* peut être à l'origine d'un comportement terroriste. C'est ce terrain qu'il faut creuser pour comprendre l'origine de ces dangereux excès dont certains ont lieu en privé, d'autres en public. Beaucoup de gens, d'ailleurs, ont éprouvé dans leur enfance un sentiment d'infériorité. L'espèce humaine est celle au sein de laquelle le petit dépend le plus longtemps des adultes (en moyenne, deux fois plus que chez les autres animaux).

L'avantage, c'est que la culture a pris le pas sur la nature mais, en même temps, cela entraîne un état de dépendance qui, s'il est vécu dans la frustration, ne fait pas place à la confiance mais à la colère, à des sentiments d'injustice et à des envies de vengeance.

On voit alors apparaître les premiers signes de rébellion, qui amènent à adopter des comportements dangereux tant pour soi que pour l'entourage. Il peut s'agir des troubles passagers de l'adolescence, qui se traduisent par des fugues et des actes de défi, ou par le plongeon dans la drogue ou la petite délinquance.

• *Le contexte social* dans lequel on vit peut également être en cause dans les comportements paranoïaques. Un monde qui n'offre pas suffisamment de débouchés professionnels ou de perspectives d'avenir empêche de canaliser son énergie et de la convertir en attitudes socialement utiles. À cet égard, le film *My son the fanatic* [5], tiré du récit de Hanif Kureishi, est éclairant. Un jeune garçon, fils d'un immigré pakistanais installé en Angleterre, où il est devenu un chauffeur de taxi plein de dignité et de douceur, réagit par le fanatisme religieux aux problèmes de l'intégration culturelle et de la vie en métropole. Par ses excès, il poussera son père, désespéré, à se réfugier dans les bras d'une autre marginale, une jeune prostituée, ce qui déclenche un scandale.

Le mécanisme de l'excès est typique. Selon André Haynal [6], le fanatique oblige à prendre parti pour ou contre une cause. C'est un terroriste ou un héros, jamais un habile négociateur. Dans tous les cas, le fanatique, c'est « l'autre », car il est impossible de reconnaître son propre fanatisme. Ce type de paranoïaque est convaincu de détenir la vérité, ce qui lui donne la force de l'imposer, en général par la violence. D'où une éclipse de l'intelligence et de la raison au profit de la passion. Comme le disait Voltaire, le fanatisme est le principal ennemi de la poutre maîtresse de la vie civile qu'est la tolérance.

Les principales manifestations publiques du fanatisme sont au nombre de quatre. Ce sont :

1. Le nationalisme. Exemple ? L'attitude de Nicolas Chauvin, soldat de Napoléon dont le nom a donné le mot « chauvinisme ». Blessé au moins dix-sept fois au combat, estropié, défiguré, il ne cessa jamais de se vanter de ses blessures, preuves de son amour sans bornes pour sa patrie.

2. Le fanatisme (ou terrorisme) politique. De nos jours comme du temps de Robespierre, la Terreur est la légitimation de l'État-raison qui se venge et impose sa souveraineté par la guillotine.

3. Le fanatisme religieux. Il se fonde sur l'écrasement de l'autre, qu'il soit agnostique ou infidèle. La foi, qui donne la certitude de détenir la vérité, l'emporte sur tout. Nombreux sont les dirigeants, de Moïse à Khomeyni, dont la force découle d'un charisme de type religieux.

4. Le racisme. C'est la peur de la différence, la persécution de l'étranger, qu'il s'agisse de l'homme de couleur confiné dans un ghetto par l'apartheid ou du petit vendeur asiatique au coin de la rue.

L'art de se faire du mal

Les paranoïaques peuvent causer beaucoup de tort à ceux qu'ils croisent sur leur route. C'est ce qui arrive aux membres du fameux équipage du *Bounty*, qui, dans un film mémorable avec Marlon Brando [7], se mutinent et suivent leur commandant sur une île tropicale, laquelle se révèle ne pas être le paradis terrestre qu'ils imaginaient. Mais, surtout, les paranoïaques peuvent se rendre la vie très difficile à eux-mêmes. Le mélange de certains éléments de leur personnalité (méfiance, sentiment d'infériorité masqué derrière une attitude hautaine, rigidité affective, intégrisme intellectuel) peut être détonant. C'est ce que montre l'histoire de Richard.

Cet homme de cinquante-cinq ans, marié trois fois, a exercé le métier d'avocat, mais il a abandonné la profession après avoir perdu un procès injustement selon lui (la partie adverse aurait influencé les juges...). Comme l'art de l'Extrême-Orient le passionnait depuis toujours, il s'est alors reconverti dans les antiquités. C'est ainsi qu'un jour il a acquis, en toute bonne foi, deux icônes qui avaient en fait été volées à une fondation grecque. Il les a revendues à un industriel italien, lequel les a exposées, entraînant du même coup la découverte du vol initial.

Quelques mois plus tard, Richard a été arrêté à l'aéroport d'Athènes, et il a passé quatre semaines en prison en attendant les documents permettant de prouver qu'il avait acheté ces icônes tout à fait légalement à un antiquaire. À sa libération, il est rentré en Italie et a voulu que la justice soit rendue jusqu'au bout. Il a porté plainte et n'a pas voulu rester caché jusqu'à l'expiration du mandat d'arrêt international contre lui. Intraitable, persuadé de son bon droit et désireux de mettre la justice à l'épreuve, il s'est constitué devant le juge et a fait cinq mois de détention préventive jusqu'à ce que son innocence soit reconnue et qu'un non-lieu soit prononcé.

Pourtant, ses amis et son avocat lui avaient conseillé d'agir plus finement. Mais Richard, tout à la fois martyr et héros, a préféré offrir sa poitrine au peloton d'exécution ! Maintenant, il peut encore raconter son expérience dans les geôles grecques et italiennes, mais il a payé cher son inflexibilité.

Rose, en revanche, joue plutôt bien, dans sa vie sociale, ses cartes de jeune femme belle et intelligente. C'est dans le domaine affectif que sa légère paranoïa se manifeste et la handicape.

Pour mieux se consacrer à sa carrière, sa mère l'a envoyée chez les bonnes sœurs, quand elle était petite. Quant à son père, sévère et exigeant scolairement, il l'aimait, mais il ne savait pas faire de compliments et la critiquait souvent. Rose est devenue une adolescente rebelle. Elle est partie tôt de chez elle et elle a mobilisé toute son énergie pour réussir professionnellement et montrer à son père qu'elle avait de la valeur.

Dans sa relation avec les hommes, convaincue qu'ils ne voulaient que la « chose », elle a exercé son pouvoir en s'efforçant constamment de contrôler sa capacité de séduire. Dans sa lutte contre l'autre sexe, elle n'a jamais voulu établir de lien durable, car elle y voyait une forme de soumission.

Mais à trente ans passés, lorsqu'elle a ressenti l'envie de se marier, elle n'a pas réussi à s'établir. Par deux fois, elle a provoqué la rupture de ses fiançailles en dictant ses propres conditions et en émettant des prétentions exagérées. Elle exigeait un mariage à l'église, une belle maison et un mari nanti, intelligent et fidèle, dont elle aurait au moins trois enfants. Elle avait, toutefois, oublié d'évaluer sa force contractuelle : qu'avait-elle à offrir à un tel homme qui, s'il existait, était sans doute déjà pris ?

Aujourd'hui, après des années d'échec affectif, elle oscille entre des moments de grande colère et, plus rarement, de dépression, parce que toutes ses camarades d'école sont désormais mariées. Rose est de plus en plus convaincue que les hommes sont égoïstes, immatures et incapables de s'engager, alors que si ses deux fiancés l'ont laissé tomber, c'est sans doute parce que son caractère retors et son attitude autoritaire avaient fini par masquer ses qualités.

Rose aurait peut-être dû se contenter d'un homme moins « parfait » sur le papier, mais plus tolérant. Mais son ambition – une sorte de mini omnipotence paranoïaque – la pousse à ne vouloir que ce qu'il y a de mieux. Elle porte des vêtements de marque, habite au centre-ville et possède une luxueuse voiture de sport. C'est une femme intelligente, résolue, méfiante, mais ces traits de caractère, qui lui ont permis de réussir professionnellement, compromettent sa vie privée. Elle manque de souplesse, de diplomatie et n'est pas capable de manier la carotte aussi bien que le bâton !

On trouve aussi des paranoïaques en couple, qui se lancent réciproquement des piques sarcastiques ou des critiques acerbes, en une interminable escalade de méchancetés et de représailles. Le plus souvent, ils ne s'en tiennent pas au prétexte du moment, mais généralisent en ravivant de vieilles rancœurs jamais apaisées. Dans d'autres cas, moins graves, la paranoïa apparaît lors de certaines phases régressives, après lesquelles le couple peut connaître des périodes sereines et heureuses. C'est l'histoire de Véra et Michel.

Michel a vingt ans de plus que Véra. Au travail, il est mal à l'aise parce qu'il se sent « talonné » par des collègues plus jeunes. D'un côté, il est content d'avoir une épouse moins âgée et de très jeunes enfants ; de l'autre, il souffre parce qu'il a déjà le sentiment de ne plus être aimé comme avant. Quand ils se disputent, Véra insiste sur leur différence d'âge et sur le fait qu'il a perdu sa vivacité de jeune homme.

Si elle mettait en avant sa maturité ou son énergie encore remarquable en dépit des années qui passent, Véra ne susciterait sans doute pas le ressentiment de son mari. Mais elle lui répète fréquemment qu'il « joue au petit jeune », ce qui touche une corde très sensible et irrite terriblement son époux.

Michel n'est guère plus adroit face à Véra. Dès que les enfants ont commencé à aller à la maternelle, sa femme s'est inscrite dans une école de restauration d'art. Il l'a aidée, lui trouvant un stage dans la boutique d'un ami. Malgré cela, elle n'a pas réussi à s'insérer dans le monde du travail. Michel, déçu, lui a tout de suite fait la leçon : « Je t'avais bien dit qu'après la naissance des enfants, tu ne retrouverais pas de travail. »

Cette petite phrase assassine a entraîné une profonde rancœur chez Véra, consciente que ce n'était pas totalement faux. Si Michel avait déclaré : « C'est mieux comme ça, tu auras davantage de temps pour t'occuper de moi et des enfants », il aurait sans doute facilité la cicatrisation de la blessure narcissique de sa femme et il aurait eu, près de lui, une compagne plus affectueuse et moins agressive, ce qui aurait permis d'éviter une crise conjugale.

En outre, dans ses périodes d'insécurité, Véra est plus susceptible et, en quête d'explications, tend à interpréter négativement tous les faits et gestes de son mari. Lorsqu'il regarde une autre femme ou bien oublie de la prévenir qu'il ne rentrera pas dîner, elle se dit qu'il le fait exprès pour l'humilier. Bref, ils forment un de ces nombreux couples de maladroits, qui connaissent mal la grammaire des sentiments et multiplient les erreurs de cohabitation, provoquant de ce fait des crises démesurées.

Comment reconnaître les paranoïaques ?

Nous avons vu comment les petites manies et la rigidité de caractère nuisent au paranoïaque lui-même, qui se fait du mal et se sent persécuté. Mais à quoi reconnaît-on un paranoïaque ? Aux trois caractéristiques qu'il présente le plus souvent, à savoir : la méfiance, l'inflexibilité et l'interprétativité pathologique de la réalité. Le parano cherche activement la preuve de ce qu'il soupçonne, il se prépare à des représailles démesurées, et manque de sentiments positifs, notamment de tendresse et d'humour [8].

Les paranoïaques de combat

Ce sont les dictateurs qui proposent des solutions exaltantes et simples pour remédier aux maux du monde. Ils se lancent contre l'oppresseur parce qu'il leur faut constamment un ennemi susceptible de justifier leur méfiance et leur agressivité. Ils deviennent alors chefs de la résistance clandestine ou se transforment en héros du peuple, comme le grec Alecos Panagoulis, dont la vie est retracée dans le livre *Un homme*, d'Oriana Fallaci [9]. On en trouve d'ailleurs dans de nombreux films : des purs et durs comme Rambo, ou des outsiders romantiques, auxquels Robert De Niro ou Alain Delon ont souvent prêté leur visage. Ils font vibrer l'« enfant-héros manqué » qui sommeille en chacun de nous.

Mais attention : les fanatiques qui ne réussissent pas de grands projets se réfugient dans le monde plus étroit du bureau ou de la famille, où ils jouent au petit dictateur. Barbara en a ainsi rencontré un au travail.

Cette femme de trente-trois ans vient consulter, officiellement, à cause des difficultés affectives qu'elle rencontre avec son mari Bob, un Anglais avec lequel elle a vécu des événements très difficiles. Ils se sont notamment occupés ensemble d'un projet d'assistance à des femmes atteintes du sida.

Barbara est épuisée par ce travail et démoralisée par le fait que Bob doive ensuite repartir vers d'autres destinations dangereuses. Sa situation s'est néanmoins rapidement améliorée du jour où nous avons compris que son problème n'était ni sexuel ni conjugal, mais lié à une dépression qui nuit à sa libido.

Le facteur déclenchant est le comportement de son chef. Lors de sa dernière mission, elle a eu pour supérieur hiérarchique un Africain arrogant et susceptible. Dans sa jeunesse, il avait mal supporté d'être exclu par l'apartheid et, après avoir gravi les échelons de la hiérarchie diplomatique, il a commencé à donner libre cours à son désir de revanche. Il a alors exigé de Barbara, son assistante, qu'elle se charge de tâches extra-professionnelles comme de lui faire ses courses. Si elle refusait, elle subissait des vexations ou se voyait chargée de dossiers ennuyeux et inutiles, alors que les tâches plus importantes étaient confiées à d'autres.

Cette femme indépendante, qui aime conserver le contrôle de sa propre vie, a accumulé un gros ressentiment, et comme elle ne pouvait l'exprimer de crainte de perdre son travail, elle a sombré dans la dépression.

On voit par là combien il est difficile d'avoir affaire à des personnes susceptibles, pleines de rancœur ou clairement paranoïaques, surtout lorsqu'il s'agit de nos supérieurs au travail ! Mais, dans la vie privée, aussi, l'enfer existe, comme le rappelle l'histoire de Roger et d'Anna.

Cet homme de trente-huit ans habite avec sa compagne une grande maison ancienne qu'ils ont achetée en s'endettant fortement et qu'il restaure peu à peu. Cette demeure est clairement une métaphore de sa vie. Il s'y montre tyrannique et dominateur, y compris dans l'intimité, et souffre de crises de jalousie à l'égard de son enfant qui, à l'entendre, lui « prend » sa femme. En outre, il supporte mal qu'Anna puisse le désirer sexuellement. Il subit ses envies comme un ordre à satisfaire, et non comme une marque d'attirance. Tout cela résulte d'une projection de sa situation familiale d'origine, dans laquelle son père, personnage public important, et donc contraint à donner de lui-même une image idéale, libérait son agressivité en privé, tant avec sa femme qu'avec son fils.

De son côté, Anna n'a elle aussi guère eu d'espace vital au sein de sa famille, au point que pour trouver son équilibre, elle a dû partir brusquement de chez elle. Malheureusement, comme c'est souvent le cas dans de telles situations, elle est tombée de Charybde en Scylla et s'est retrouvée avec un paranoïaque méfiant et dangereux, qui menace de la tuer dès qu'elle essaie d'acquérir un brin d'autonomie.

Tous les spectateurs de *Sleeping with the ennemy* [10] se souviendront du comportement punitif typique de celui qui ne tolère pas que l'autre ne reste pas absolument à sa place. Dans ce film, Julia Roberts incarne une femme qui fuit un mari violent, lequel, non content de la battre, l'oblige également à ranger la vaisselle et les serviettes de bain de façon méticuleuse, sous peine de la massacrer.

Sans connaître de tels excès, Anna, elle aussi davantage victime que complice, se sent en danger comme dans sa famille d'origine. L'insomnie est la sonnette d'alarme, le trouble qui lui permet de venir demander une aide médicale et psychologique. Mais en réalité, elle vient demander plus d'autonomie et une protection contre son mari. Quant à Roger, qui veut garder le contrôle de tout, il n'accepte une thérapie de couple qu'afin de pouvoir vérifier ce que fait sa femme.

Pendant une séance, lorsque le thérapeute demande l'avis d'Anna, il se lève d'un bond dès qu'elle a fini de parler : il veut s'en aller, parce qu'il a l'impression qu'on ne l'écoute pas. Fort heureusement, le psychologue met tout de suite le doigt sur le sentiment d'exclusion qu'il a ressenti lorsqu'il était petit et qu'il revit en séance. Cette compréhension calme Roger comme par magie.

Les paranoïaques sensitifs

Dans un registre moins agressif, mais tout aussi difficile, on trouve ce que Kretschmer [11] a appelé les « personnalités sensitives ». Il s'agit d'individus qui ont constamment l'impression d'être épiés et menacés mais qui, plutôt que de passer à l'attaque, deviennent tristes. Ils se sentent faibles et sont peu sûrs d'eux. Parfois, à l'instar du multimilliardaire Howard Hughes qui, terrorisé par les microbes, n'osait plus rien toucher de ses mains, ils se renferment dans leur monde un peu fou. Voyons l'histoire de Sylvie.

Sylvie est une excellente secrétaire, mais il est extrêmement compliqué de vivre près d'elle. Depuis sept ans qu'elle travaille avec un de mes amis, conseiller commercial, elle n'a jamais voulu lui donner son adresse ou son numéro de téléphone personnel, même pour les cas d'urgence. Elle vit seule et dans la peur permanente et irrationnelle d'être agressée, bien qu'elle n'ait jamais été ni menacée ni harcelée.

Au bureau, Sylvie ne peut pas travailler en équipe, car lorsqu'elle commet une erreur, elle accuse les autres assistants et collaborateurs de l'entreprise d'avoir dissimulé des papiers. Quand son supérieur l'encourage, elle travaille bien et très activement, mais elle ne peut supporter cette ambiance positive plus de quelques jours et se trouve rapidement quelque motif pour se sentir persécutée. Une fois qu'elle l'a découvert, elle commence par se rebeller puis, craignant d'être renvoyée, sombre dans la déprime. Elle a été jusqu'à écrire des lettres de protestation fort maladroites qui risquent précisément de provoquer ce qu'elle redoute : son licenciement.

Les paranoïaques suspicieux

Ce sont ceux qui passent du syndrome de persécution à celui du complot. Et malheureusement, beaucoup d'hommes et de femmes développent ce comportement dans la vie professionnelle !

Ainsi, Charles, âgé de trente-trois ans, est un bon informaticien, très apprécié dans la société au sein de laquelle il a été engagé. Mais son mauvais caractère est tel que le vide s'est fait autour de lui. En effet, Charles prête un sens caché aux événements les plus ordinaires : si un collègue lui fait un compliment, il se demande ce que cela cache ; si quelqu'un va au bar sans l'inviter, il imagine les pires commérages à son propos. Ce qui fait qu'il est de plus en plus seul.

La paranoïa à la limite de la persécution est aussi le problème d'André. Cet homme de cinquante-cinq ans, marié à une femme extrêmement autoritaire, a eu une aventure lors d'un déplacement professionnel, et depuis, il panique. Il est convaincu que son épouse le surveille et qu'elle fait analyser son linge à la recherche de taches suspectes. Son sentiment de culpabilité est démesuré et il pense que d'une façon ou d'une autre, il devra payer pour ce qu'il a fait. Mais, au lieu d'être gentil avec sa femme, il adopte un comportement détaché et défensif, convaincu (à tort) qu'elle attend le moment opportun pour se venger. Comme par ailleurs, il dépend d'elle sur le plan financier, il a peur qu'elle ne demande le divorce. Enfin, il « persécute » toutes ses connaissances médicales pour savoir s'il y a un réel danger qu'il ait contracté le Sida.

Les paranoïaques en amour : les jaloux

La troisième catégorie de petits paranoïaques concentre leurs obsessions dans le domaine sexuel, en éprouvant des sentiments de jalousie excessifs, qui rendent la vie impossible à leurs partenaires. Voyons les différents aspects que peut prendre cette attitude.

LA JALOUSIE GUÉRISSABLE

Voici ce que raconte Paul, trente-cinq ans, lors d'une séance de psychothérapie : « J'ai toujours été méfiant. À l'école, déjà, je pensais que mes camarades se moquaient de moi. Mais c'est ma vie sentimentale, surtout, qui est un enfer. Dès que j'ai l'impression de plaire à une femme, je commence à penser qu'elle est intéressée par mon argent. Et puis, je suis jaloux. Il suffit qu'elle regarde un autre homme pour que je sois convaincu qu'ils se connaissent, qu'ils ont eu une aventure et qu'ils sont peut-être même encore amants. Face à tous ces doutes, les femmes finissent par me quitter, et j'en tire la conclusion qu'elles ne m'aimaient pas vraiment. »

Paul a eu besoin d'une longue psychothérapie, qui n'est pas encore terminée, pour en venir à s'exprimer avec une telle lucidité et faire ainsi son autocritique. Il sait que son problème réside dans la jalousie et il « travaille » sur ce point faible qui gâche sa vie sentimentale. Si le fiancé riche et hautain de Kate Winslet, dans *Titanic* [12], avait lui aussi « travaillé » sa jalousie pour être moins possessif et moins tyrannique, Rose n'aurait peut-être pas essayé de se soustraire au joug de son mariage imminent et n'aurait pas remarqué le sourire de Jack-Leonardo di Caprio... Et nous serions passés à côté d'une grande histoire d'amour.

Entendons-nous bien : il existe une petite jalousie bien naturelle entre amoureux ou une jalousie à visée stratégique, dont le but est de rallumer une flamme qui commence à s'éteindre sous l'effet de l'ennui. Mais il existe bien des cas où la jalousie frôle la paranoïa. Elle devient alors un sentiment négatif, étouffant, qui rend hypercritique à l'égard d'autrui mais incapable d'autocritique.

LA JALOUSIE TEINTÉE DE RANCŒUR

Émilie a trente et un ans. Elle est mariée depuis neuf ans et a deux enfants. Son mari, Jean, lui reproche d'être beaucoup plus une mère qu'une épouse, ce qui est, pour lui, une façon de justifier son infidélité. En effet, Jean a toujours été un Casanova.

Si son mariage lui a apporté une certaine stabilité et l'a aidé à réussir professionnellement, il n'a pas appris pour autant à communiquer. Sa famille est son point de repère, l'ancrage qui lui permet de vagabonder. Pour lui, en effet, le véritable érotisme réside dans les mécanismes de la séduction et de la transgression : Jean a des aventures dans le cadre du bureau, mais il aime aussi, de temps en temps, la compagnie de travestis.

Émilie est pleine de rancœur : elle se sent non seulement trompée, mais aussi volée, parce qu'elle a l'impression d'avoir un mari « à mi-temps ». Or Jean a toujours été comme ça, traître et peu fiable. Et elle, qui était belle et attirante au début de leur mariage, s'est investie dans son rôle de mère, elle ne s'est plus occupée de sa ligne et s'est laissé aller.

L'immaturité de Jean comme la naïveté d'Émilie, qui a épousé une illusion, sont nuisibles à un rapport de couple. Ils passent leur temps à se faire des scènes puis à se réconcilier, et ils ont cessé de venir au bout de trois séances. J'ai l'impression qu'ils ne réussissent pas à élaborer un véritable projet de changement.

J'ai néanmoins été frappé, au cours de cette brève période, par la grande jalousie d'Émilie, empreinte de ressentiment. Elle est certes justifiée par les faits, mais elle n'aide en rien. Jean n'arrive pas à se détacher de sa femme parce qu'il en a besoin comme d'un port d'attache mais il n'aspire qu'à prendre le large. Et Émilie, qui a déjà été trompée par son précédent fiancé, ne supporte pas l'ambiguïté, elle se méfie et voudrait une relation exclusive. Plutôt que de s'abandonner aveuglément à sa jalousie, elle ferait mieux de se demander pourquoi elle a choisi un mari qui aime les travestis.

LA JALOUSIE POSSESSIVE ET TOXIQUE

C'est celle qui torture le professeur Humbert Humbert, l'homme mûr épris de Lolita [13], celle qui a fait écrire à Proust d'admirables pages sur la peur atroce de perdre Albertine [14]. C'est aussi celle qui se transforme en piège : la jalousie qui naît presque par jeu, comme pour le protagoniste du roman *La confession impudique* [15], qui veut que son épouse le rende jaloux du petit ami de sa fille, sans imaginer que ce jeu périlleux se révélera fatal.

La jalousie possessive, obsédante, qui empêche l'autre de vivre, est un thème qui traverse l'opéra, où les mouvements souvent violents de l'âme jalouse et vengeresse engendrent des actes cruels, voire sanguinaires. Mais l'opéra présente aussi un volet moral, en vertu duquel ces impulsions sont soit justifiées, soit punies. S'agit-il là d'exagérations qui n'existent que sur scène ? Sans doute pas, puisque les journaux relatent tous les jours de tragiques histoires de jaloux. Les protagonistes en sont des fiancés obsédés ou d'anciens maris rejetés qui, pour ne pas perdre celle qu'ils aiment, en arrivent à la tuer. « Si je ne peux t'avoir, alors nul ne t'aura », semblent-ils dire.

Dans un registre heureusement moins grave, une femme m'a avoué il y a quelques mois : « Mon mari est devenu d'une jalousie telle qu'il me fait peur. Il m'a offert un téléphone portable en me disant que c'était plus pratique. En réalité, c'est pour pouvoir me surveiller à tout moment. Il propose de m'accompagner partout, il vient même me chercher chez le coiffeur. Maintenant, il essaie de me convaincre de quitter mon travail ou, au moins, de demander un mi-temps. J'en tremble d'avance, car je me sens déjà prisonnière chez moi. »

Sommes-nous tous paranoïaques ?

La réponse est « non » sur le plan psychiatrique, mais « oui » si nous pensons à notre façon de projeter nos difficultés sur autrui, ce que nous faisons constamment dans notre vie quotidienne. Lors de la psychothérapie de certains patients déprimés qui tendent à s'accuser, à endosser toutes les responsabilités et à culpabiliser, on note un progrès quand ils commencent à devenir agressifs envers d'autres personnes et à se trouver des persécuteurs. C'est donc une question de juste dosage entre la projection et l'introjection, entre une saine autocritique et une saine agressivité envers ceux qui nous empoisonnent la vie.

Parfois, les petites manies peuvent devenir l'objet d'un amusant sarcasme. C'est ce que montre Nanni Moretti avec son film *Aprile* [16], où il révèle une forme de paranoïa extrêmement personnelle. Au fil des ans, il a écrit des dizaines de lettres de protestation à des chefs de gouvernement, des secrétaires de parti, des hommes politiques, etc. Il s'agit de lettres affranchies, mais jamais envoyées, dont il décide de se libérer une fois pour toutes en les lisant à haute voix devant un petit public d'Anglais impassibles, à Hyde Park's Corner, ce coin du parc londonien où n'importe qui peut monter sur une chaise pour s'exprimer.

Parfois, aussi, les événements renforcent notre méfiance à notre insu. La fatigue, quand nous conduisons sur une autoroute, ou le fait de voyager dans un pays étranger dont on ne connaît pas la langue, peuvent nous rendre plus prudents, ce qui vaut mieux que d'être trop confiants. Lors de certaines circonstances publiques, également, il peut être bon d'être quelque peu paranoïaque. Je pense notamment aux assemblées de copropriétaires ou lors de certaines discussions au sein d'une entreprise. L'obstination d'un voisin ou d'un collègue, assortie de documents précis, peut alors permettre de contrer un propriétaire malhonnête ou un syndicat qui défendait davantage sa propre survie que l'intérêt du personnel.

N'oublions pas, cependant, le cas des fausses paranoïas. Le mélange croissant des races et des cultures augmente aujourd'hui le risque d'interprétations erronées. Nous sommes habitués à déchiffrer la voix, les gestes ou le comportement de ceux qui nous entourent d'après certains codes culturels qui ne sont déjà pas tout à fait identiques entre le Sud et le Nord d'un même pays. Alors, on imagine l'énorme différence qu'il peut y avoir entre les mêmes mots prononcés par un Français, un Suédois ou un Arabe ! Au fur et à mesure que le « melting pot », le mélange d'ethnies, va s'accentuer, il nous faudra veiller de plus en plus à ne pas prêter un sens erroné aux attitudes d'autrui, lesquelles seront simplement la conséquence de cultures d'origine différentes.

Du bon usage de la paranoïa

Nous l'avons dit un peu plus haut, dans le traitement de personnes déprimées, une légère paranoïa est le signe prémonitoire d'un changement d'humeur. Mais dans la vie privée aussi, l'existence d'un persécuteur est parfois nécessaire pour faire naître des amours immortelles. Les histoires d'amour romantiques et éternelles comme celle de Roméo et Juliette ont toujours demandé de gros obstacles, voire de grands ennemis. Autrement dit, le rôle du persécuteur, réel ou imaginaire, peut être très utile, même s'il arrive qu'au-delà des apparences, l'alliance affective contre un ennemi commun se révèle bien fragile.

Dans son dernier livre, Robert Neuburger [17] soutient que tout couple a besoin, pour exister et, surtout, pour durer, d'un « mythe fondateur », une sorte de légende exposant et expliquant l'inéluctabilité magique de la rencontre. Les formules rituelles seront alors : « Le destin a voulu que... », « Tu m'as sauvé la vie », « Tu es la moitié de moi-même », etc. À moins que les deux partenaires ne soient rapprochés par un ennemi commun. Ce dernier type de mythe fondateur permet de comprendre pourquoi les belles-mères hypercritiques et envahissantes sont indispensables à la survie de certains couples ! Le danger, pour de tels mariages, réside alors dans la disparition de ce persécuteur...

Les stratégies de changement

Pour déterminer le type de paranoïa auquel on a affaire, il faut essayer d'évaluer la gravité du danger que représente le comportement vengeur considéré. Il en existe tout un éventail, depuis le délire de persécution et de violence jusqu'à des formes plus légères, pénibles mais inoffensives.

Selon le professeur Gian Carlo Nivoli, psychiatre et criminologue qui a travaillé à l'Institut Pinel de Montréal, certains éléments permettent de prévoir le genre de représailles :

1. L'approche existentielle : c'est la façon qu'a le sujet d'appréhender le monde (avec hostilité, fanatisme, etc.).
2. Le mode d'expression du comportement agressif : un bûcheron muni de sa hache n'est pas comparable à un avocat prononçant une plaidoirie.
3. Le degré d'élaboration du projet : situation passionnelle ou préméditation ?
4. Le type d'agressivité : aveugle et globale ou bien ciblée ?
5. L'existence de facteurs déclenchants (alcool, sexe ou humiliation, etc.).
6. L'existence d'épisodes antérieurs de violence.
7. L'existence, au cours de l'enfance, de crises de violence subie.
8. L'existence de fantasmes d'agression, avec ou sans expression verbale.

Cette grille de lecture de la personnalité violente peut très bien être reprise pour évaluer la paranoïa.

COMMENT VIVRE MIEUX ?

Vous avez la malchance d'avoir un partenaire ou un collègue paranoïaque ? Pour commencer, ne lui dites pas qu'il l'est : vous deviendriez son pire ennemi. Mieux vaut ne pas le blesser et, surtout, ne pas essayer de contrer ses raisonnements un peu fous : il en trouverait d'autres, encore plus complexes. Suivez plutôt le décalogue suivant :

1. **Faites la tortue**, en vous retirant sous votre carapace pour laisser passer la tempête. Ne personnalisez pas les choses et efforcez-vous de comprendre que les personnes susceptibles le sont avec tout le monde, même si en l'occurrence, c'est vous qui êtes le bouc émissaire.

2. **Éloignez-vous ou réduisez au minimum vos contacts.** Les paranoïaques n'ont de relations avec autrui que sur la base d'un rapport de force, qui satisfait leur sadisme, ou sur un fond de rancœur résultant d'injustices réellement ou prétendument subies dans le passé.

3. **N'émettez pas de critiques générales.** Vos critiques doivent être circonstanciées et, si possible, assorties de quelque remarque positive.

4. **Évitez les phrases à double sens ou les pointes d'humour :** elles risquent d'être interprétées comme du sarcasme.

5. **Sachez utiliser les règlements :** tous les paranoïaques, grands et petits, sont fascinés par la loi.

6. **Faites allusion au comportement, et non à la personne,** si vous voulez émettre une critique. Autrement dit, ne personnalisez pas trop : le paranoïaque le fera pour vous.

7. Maintenez une juste distance, ni trop grande ni trop faible. Je me souviens d'un confrère très « interprétatif », avec lequel j'ai (malheureusement) dû partager l'allocation de fonds de recherche. Si je lui téléphonais trop souvent, il pensait que j'étais intéressé ; si je ne l'appelais pas, il se disait tout de suite que je tramais quelque chose contre lui.

8. N'abordez pas les sujets « chauds », comme la politique, le racisme ou le foot !

9. Soyez sincère, car le paranoïaque est sensible et extrêmement attentif à toutes les formes d'artifice. L'authenticité peut le rassurer et le calmer.

10. Évitez de devenir paranoïaque à votre tour. Il arrive que l'on réagisse à une offense par une autre offense, et les représailles se poursuivent alors au point qu'on en oublie la cause initiale. N'oublions pas les composantes paranoïaques latentes en chacun de nous, qui nous poussent à voir la paille dans l'œil du voisin avant la poutre dans le nôtre.

CHAPITRE III

Les méchants

La méchanceté n'a pas le même sens pour tous [1]. Selon certains, c'est une force (le vrai « leader » est un dur), pour d'autres une faiblesse archaïque (le méchant est l'héritier naturel de l'homme des cavernes). Bref, c'est un concept relatif. Un exemple ? Jugé mauvais par la plupart des Occidentaux, Saddam Hussein est un héros aux yeux d'une partie du monde islamique.

Pour compliquer encore le problème, il y a les vrais méchants (ceux qui tirent du plaisir à vouloir du mal à autrui), les méchants par hasard (l'automobiliste violent quand il a bu) ou les méchants obligés (comme les deux héroïnes du film *Thelma et Louise* [2], qui se vengent des violences qu'elles ont subies). La méchanceté a un charme ambigu. Pensons à toutes les *dark ladies* de l'histoire et, plus proches de nous, à celles du cinéma : de Cruella, diablesse qui a effrayé des milliers d'enfants dans les *101 Dalmatiens* [3], à la blonde Sharon Stone, glaciale et troublante à la fois, qui a ensorcelé les adultes dans *Basic Instinct* [4].

Les modes d'expression de la méchanceté se déclinent à l'infini : on peut effectivement pécher par la pensée (fantasmes sadiques), en paroles (médisance), en actes (mauvais coups et violences) ou par défaut (silences agressifs). Une chose est certaine : il se produit sans arrêt et partout des actes de cruauté : dans les chambres à coucher, au bureau, en voiture, dans les hôpitaux, en politique. Le plus important est donc de savoir distinguer la « bonne » méchanceté (identifiée à la combativité et au culot) de l'autre, laquelle peut prendre différentes formes.

Les provocateurs

Il y a les authentiques provocateurs de la scène politique, ceux qui créent de vrais désordres, à distinguer de ceux qui fomentent des troubles à dessein afin que le parti de l'ordre puisse intervenir en toute légitimité et avec autorité. Il y a les provocateurs « exhibitionnistes », qui traversent tout nus un stade ou le court central de Wimbledon, lancent des œufs sur les manteaux de fourrure des dames lors des premières à l'Opéra, ou s'enchaînent sur la place publique pour protester contre une injustice. Il y a encore les provocateurs « naturels », qui le sont par caractère, et non par calcul, et qui ont besoin de se comporter d'une façon singulière pour se sentir vivants. Voyons ces différentes catégories de plus près.

Un « choc » positif

La provocation positive n'est pas automatique, mais volontaire et stratégique. Il arrive qu'elle aide à résoudre des situations difficiles, tant dans la vie privée que publique. Ainsi la modification d'un contrat, conjugal ou commercial, par suite d'un événement nouveau et stimulant, peut débloquer des énergies bloquées. La surprise produite peut frapper ou déséquilibrer, mais elle tend de toute façon à provoquer un changement. L'effet positif de la provocation comme choix stratégique s'applique à plusieurs domaines de la vie dont voici quelques exemples.

• *Au cours des interrogatoires de police ou d'une procédure judiciaire.* On peut créer délibérément des situations de grande tension émotive, pour inciter à l'aveu, dans le respect, bien sûr, des limites imposées par le Code pénal. Idem pour les procédures judiciaires. Pensez à tous ces films juridico-policiers où le héros, qui défend presque toujours une victime accusée à tort, parvient à confondre le « méchant » procureur grâce à un choc émotionnel qui brouille, en quelque sorte, les cartes de l'adversaire.

• *En politique.* La provocation agressive fait également partie d'une bonne stratégie politique. Un diplomate habile et soucieux de défendre les intérêts de son pays doit savoir utiliser simultanément la carotte et le bâton, être séduisant ou agressif en fonction des occasions.

• *En affaires.* Un bon vendeur se doit de surprendre, sans aller jusqu'à choquer. Mais les limites à ne pas franchir sont difficiles à cerner, en particulier dans l'univers de la publicité. Jusqu'à quel point peut-on provoquer pour vendre un produit ? Oliviero Toscani le sait bien, ce brillant photographe qui aime transgresser et dont on a vivement critiqué les campagnes-choc pour Benetton avec, en premier plan, par exemple, un jeu de préservatifs de couleur ou des scènes de mort. La provocation est aussi la norme dans les défilés de mode ou sur les couvertures des hebdos, où le nu et les effets spéciaux se mélangent. Pour se faire remarquer, faire parler de soi, élever sa voix au milieu de la marée quotidienne d'informations, il faut souvent exagérer. Dire des choses anciennes avec des mots nouveaux peut déjà être considéré comme une provocation.

• *En amour.* Dans le cas de la séduction également, la provocation peut être très efficace si elle est associée au bon goût et à la surprise. Certes, il existe des routiniers qui la voient comme un danger pour leur érotisme, mais en général, la répétition engendre l'ennui et la banalisation du quotidien. Alors le couple accepte une certaine dose de nouveauté, susceptible d'induire une peur excitante. Varier ses habitudes érotiques, changer sa façon de s'habiller ou son « look » peut devenir une saine et surprenante provocation.

• *En psychothérapie.* C'est parfois une bonne stratégie. Autrefois, dans les conflits de couple, les désirs anormaux ou impulsifs du conjoint étaient perçus comme des motifs de crise conjugale. Aujourd'hui, on invoque plutôt la surcharge de stress au travail et le caractère répétitif et routinier de la vie sexuelle, pour expliquer la perte d'attraction du partenaire : l'origine des consultations psychothérapiques, vient en premier lieu le manque de désir. On a donc mis au point une stratégie thérapeutique dite « sismologique », consistant à déclencher un tremblement de terre pour déséquilibrer le couple et ébranler les habitudes qui l'étouffent. Certains obtiennent le même résultat en s'envoyant des lettres anonymes ou des fleurs, dans le but de rendre jaloux un conjoint trop calme ou pantouflard.

Une drogue » négative

La provocation devient négative quand elle n'est pas une stratégie visant une amélioration, mais une espèce de virus ou de drogue tenant l'individu sous son emprise. En effet, certaines personnes ont besoin d'une forte tension émotive pour se sentir vivre. Ainsi quand un de mes amis, joueur de tennis, se trouvait en mauvaise posture, il essayait par tous les moyens de provoquer et d'irriter son adversaire, car il ne pouvait retrouver la rage et le « punch » nécessaires que dans l'affrontement direct. De même, il existe des couples incapables de faire l'amour s'ils ne se sont pas disputés : ils peuvent ainsi créer une tension érotique sans laquelle leur rapport baignerait dans une tendresse qu'ils trouvent peu stimulante. Si la transformation du lit en arène peut quelquefois être dangereuse, pour ces personnes-là, c'est ce qu'il y a de plus excitant.

Le provocateur mauvais devient souvent un « leader » négatif. Il souffre alors du « syndrome de Lucifer ». Ceux qui en sont atteints ont toujours besoin d'être au premier plan, mais du côté du mal et non du bien. Comme Lucifer, justement. Mieux vaut être les premiers en enfer que les seconds au paradis. En groupe, ces éternels contradicteurs ont souvent un effet destructeur, car ils transmettent aux autres leur tension et leur nervosité.

Les coléreux

S'il n'est pas provoqué, le coléreux n'est souvent pas méchant. Sous pression, en revanche, il devient incapable de se contrôler et ne tarde pas à outrepasser les limites imposées par la vie en société. Un automobiliste lui ayant coupé la route, Michel a ainsi riposté par une manœuvre périlleuse qui a failli causer un accident.

À la différence des coléreux « conjoncturels », qui agissent correctement dans les situations dépourvues de risque, d'autres se comportent de façon caractérielle et tyrannique. L'opinion d'autrui ne compte pas, seuls leurs besoins doivent être satisfaits, au plus vite. Ceux qui ont eu la malchance d'en rencontrer un sur leur chemin le savent bien.

Voici ce que m'a écrit une jeune fille : « Depuis deux ans, mon fiancé, Louis, a beaucoup changé. Il était timide et réservé, un peu maladroit. Mais du jour où il a commencé à travailler, il est devenu insupportable. Il fait une montagne de tout et pique des crises de nerf au cours desquelles il crie, jure et gesticule au point que j'en suis effrayée. Si je tente de ramener ses problèmes à de plus justes proportions, il m'insulte. Mais ce que je ne peux lui pardonner, c'est sa duplicité. Aux yeux des autres, c'est un agneau qui ne pense qu'à son travail et à sa fiancée ; avec moi, il se comporte comme un loup. Comment un garçon tendre et réservé a-t-il pu se transformer en un égoïste arrogant ? »

Je pense qu'au début, Louis n'était pas gentil par nature mais par complexe et par manque de confiance. Par la suite, ayant acquis une certaine estime de soi, il est devenu arrogant et soucieux uniquement de lui-même. Cette jeune femme aurait intérêt à le reconsidérer tel qu'il est et non tel qu'il pourrait devenir. À elle de voir si elle peut rester avec lui, sans s'évertuer à le faire changer, car les personnes de ce genre évoluent peu souvent comme on le souhaiterait.

Parfois, cette attitude colérique dépasse les bornes même au cours des séances de thérapie, qu'elle rend aléatoires. Ainsi, Philippe, vingt-huit ans me consulte pour des difficultés d'ordre sexuel. Il vit dans un état de tension permanent qu'il essaye de calmer en fumant joint sur joint. Il conduit dangereusement, qu'il s'agisse de sa voiture ou de sa moto, et se masturbe de manière compulsive. Il a vécu à seize ans sa première expérience sexuelle, en ayant très peur de ne pas y arriver et d'avoir un trop petit pénis. Son amie ayant fait une remarque, il a pensé qu'elle se moquait de lui, il l'a giflée et est parti.

Ce garçon s'adapte plutôt mal à la vie. Alors que ses frères et sœurs ont tous obtenu un diplôme, il est pour ainsi dire marqué par son impulsivité, dans les études d'abord, puis dans ses rapports professionnels et, pour finir, avec les femmes. Brillant mais indiscipliné, il a changé cinq fois d'établissement scolaire et a redoublé plusieurs classes.

Depuis un an, il est convaincu que la masturbation est une pulsion saine, qui lui évite en outre de partager ses émotions avec une femme. Il a réussi à se faire exempter du service militaire, après avoir insulté le responsable de son centre de conscription et risqué la prison.

Avec moi aussi, il fait plus ou moins la même chose : à la deuxième consultation, comme je n'avais pas sa fiche sous la main, il s'est fâché, s'estimant traité sans égards, bien que je lui aie prouvé que je me souvenais parfaitement de lui. À l'évidence, cela ne lui a pas suffi, et après avoir dit qu'il était inutile de poursuivre dans de telles conditions, il s'est levé et est sorti.

Quel est le problème profond de ces personnes coléreuses, qui « pourrissent » la vie des autres et finissent par saboter la leur ?

• Certains coléreux sont impulsifs parce qu'ils en sont restés au premier stade défini par Freud, le stade anal où l'impulsivité l'emporte sur la capacité de se contrôler : le besoin infantile d'expulser ses selles, sans aucune maîtrise, est devenu chez eux un trait de personnalité.

• D'autres sont impulsifs parce qu'ils sont incapables de supporter la frustration [5]. Au cours de leurs premiers rapports avec autrui, ces personnes ont éprouvé principalement de l'amertume, de la colère et de la haine. Il peut arriver que ces sentiments soient repoussés et s'expriment sous la forme de symptômes psychosomatiques. Mais, chez les coléreux, ils restent pour ainsi dire « à fleur de peau » et explosent face à toute situation frustrante. C'est le cas de Joseph qui sent le sang lui monter à la tête dès qu'il doit faire la queue à la poste ou devant un guichet de banque, ou qui se fâche facilement au restaurant si le service est trop lent, ou les frites trop salées.

• D'autres encore ne sont pas coléreux et impulsifs par « nature », mais le deviennent pour montrer leur pouvoir, donner du piment à une vie jugée trop calme ou, enfin, pour voir jusqu'où ils peuvent aller et jusqu'à quel point les autres les aiment et donc les supportent.

Les deux domaines les plus dangereux pour les coléreux sont la nourriture et le sexe. Dans le second cas, leur vie en couple en est affectée, comme le démontre l'histoire suivante.

Stéphane et Antoinette ont tous deux quarante ans. Ils se sont mariés très jeunes et ont tout de suite eu deux enfants. Ils travaillent et s'estiment satisfaits de leur vie professionnelle. C'est un couple apparemment serein, mais qui vient pourtant demander de l'aide.

La femme avoue très vite ne plus éprouver de désir pour son mari. Elle consent aux rapports sexuels une fois par mois, mais uniquement par « devoir ». Pourtant, quand ils se sont rencontrés, ils avaient découvert ensemble une sexualité libre et joyeuse : ils faisaient l'amour tous les jours. Petit à petit, cette fréquence a diminué. Une sorte de routine a remplacé la passion, et après la naissance des enfants, Stéphane et Antoinette se sont laissés totalement absorber par leur rôle de parents, fait de responsabilités et de fatigue, et il ne leur est plus resté de temps pour le sexe.

La situation s'est dégradée au cours des dernières années et aujourd'hui le désir d'Antoinette a complètement disparu. En revanche, son mari continue d'avoir des « besoins sexuels » impérieux, et quand elle le repousse, ce moment d'intimité ratée se transforme en dispute.

Au cours des entretiens, nous avons essayé d'explorer le désir de ce couple, tant d'un point de vue biologique que psychologique. Il est apparu que le « nœud » de la crise se situe lors des préliminaires. Alors qu'elle caresse son mari sans problèmes et voudrait accorder davantage de temps à la lente montée de l'excitation, Stéphane préfère en venir tout de suite à l'essentiel et la pénétrer. Pour lui, tout le reste est une perte de temps. Caresses, fantasmes et jeux érotiques sont sacrifiés ou accélérés. Si Antoinette essaye de lui expliquer ses désirs en dehors de leur chambre, il réagit brutalement et refuse d'aborder le problème. Or il est clair qu'au lit non plus, il n'accepte pas de changer et de faire des expériences.

À la longue, cette façon de banaliser et d'accélérer le sexe est devenue intolérable pour Antoinette, qui se sent incomprise et mal aimée. La sexualité que lui offre son mari est non seulement typique d'un coléreux, mais aussi égoïste et stéréotypée.

Que faire ? Malheureusement, ce couple ne s'est décidé à demander de l'aide qu'après au moins dix ans d'insatisfaction masquée. Il va être très difficile de changer leurs habitudes, d'autant plus que Stéphane ne fait preuve d'aucune souplesse et ne semble pas vouloir accepter une façon différente de faire l'amour. Quant à Antoinette, elle est depuis longtemps amère et déçue. La solution ne relève pas de « recettes érotiques » hâtives, mais de l'analyse et de la gestion d'un rapport de pouvoir au sein duquel se sont accumulées rancœurs et déceptions. Dans de tels cas, une thérapie basée sur la communication dans le couple est plus indiquée qu'une thérapie sexuelle.

On peut s'interroger sur la fonction que jouent ces accès de colère. Selon Anna Olivierio Ferraris [6], psychologue à l'Université de Rome, ils répondent à des raisons précises :

a) On cherche à masquer ses torts : On se fâche contre les autres pour ne pas reconnaître ses propres erreurs.

b) On est frustré. La colère peut naître de la frustration et de l'échec [7].

c) On se défoule. Souvent, la colère est reportée sur un tiers. Ainsi, celui qui doit se retenir au travail et subir la tyrannie de son supérieur se défoule dès son retour à la maison en se servant de ses enfants et de son épouse comme d'un punching-ball.

d) On veut se faire respecter. La colère et l'agressivité peuvent représenter la seule manière d'obtenir quelque chose et se faire respecter.

e) On manque de confiance en soi. Il peut arriver que des accès de colère semblent disproportionnés, dans la mesure où ils ne dépendent pas de l'événement qui les a déclenchés, mais résultent d'une insécurité plus ancienne.

f) On se protège. La fonction des manifestations de colère peut être de créer une distance émotive. Certains, craignant d'être manipulés, ont recours à la dispute pour limiter l'intimité et créer une plus grande distance.

L'empereur Marc Aurèle affirmait : « Les conséquences de la colère sont bien plus graves que ses causes. » Non pas parce que sous l'emprise de la colère, on dit des choses que l'on ne pense pas, mais parce qu'il ne faudrait pas les dire ou qu'il faudrait peut-être les dire, mais au bon moment. Les conséquences peuvent en effet être irréversibles, comme « l'ire funeste » d'Achille qui se traduisit en actes, et non en mots. C'est la raison pour laquelle tout à coup, les tournevis sortent lors de bagarres entre automobilistes ou les couteaux dans les bars. La colère rend aveugle. On comprend pourquoi, dans son « Purgatoire », Dante enveloppait les coléreux d'un nuage de fumée...

Les prédateurs avides

Quand Myke Tyson a mordu son adversaire, au cours du championnat du monde de boxe, il a suscité le dégoût et la réprobation de tous. Non seulement il n'a pas respecté les règles du fair-play mais, en saisissant son adversaire avec les dents, la « bête » Tyson a réveillé l'animal qui sommeille au plus profond de nous. Une des fonctions primitives des dents, encore bien présente chez les lions et les panthères (et les vampires des légendes !), mais désormais absente chez l'homme civilisé, a refait surface.

Il y a pourtant des personnalités prédatrices dont la voracité fondamentale se révèle dans les rapports humains. Elles sont toujours prêtes à s'accaparer les biens d'autrui, sur le plan tant financier que sexuel. Elles font carrière (en jouant des coudes, en accumulant les promotions, en concentrant fonctions, compétences et pouvoirs avec une véritable gloutonnerie), mais souvent leur vie est pauvre et triste car elles ne savent pas prendre en compte les besoins de leur partenaire. L'histoire suivante peut illustrer ce qu'est l'avidité sexuelle et affective.

Yolande et Ernest viennent consulter avec leur fille de trois ans, qui répand des morceaux de pomme par terre durant la séance. Yolande, trente-six ans, est issue d'une famille aisée. Bien que mariée, elle est toujours aidée financièrement par sa mère. Passionnée de psychologie humaniste, elle se nourrit des ouvrages de Redfield et Coelho et fréquente assidûment des séminaires hebdomadaires New Age, ce qui ne règle pas pour autant son problème d'insomnie. Ernest, quarante-huit ans, lui a longtemps servi de bouée de sauvetage affective, mais ce rapport complémentaire commence à ne plus fonctionner.

Le père d'Ernest a disparu dans un naufrage alors qu'il était enfant. Sa mère l'a placé dans un orphelinat et ne l'a repris qu'après son remariage avec un homme rigide et sévère. Ernest m'avouera un jour que sa mère a été absolument désespérée quand il a décidé d'épouser Yolande.

Cet homme, musicien, n'arrive pas à s'imposer. Il semble vraiment qu'une présence paternelle lui ait manqué dans son enfance et son adolescence : il ne parvient pas à faire valoir ses droits, y compris dans sa relation de couple où il subit les besoins de sa femme. Il est vrai que Yolande, qui souffre d'une grande avidité affective, vampirise tout : le compte en banque de sa mère comme le corps de son mari, auquel elle réclame des rapports sexuels quotidiens.

Quand je leur demande de me décrire une de leurs journées-type, il apparaît que le thème sur lequel ils s'affrontent est celui de l'ordre et du désordre. Ernest n'arrête pas de ranger, alors que Yolande « s'étale » et laisse tout traîner. Elle lui fait sans arrêt des scènes de ménage et rugit parfois contre lui comme une lionne, le terrorisant. De toute évidence, elle confond impulsivité et spontanéité, tout en affirmant que les séminaires New Age lui ont appris à s'exprimer. Mais ce qui l'irrite au plus haut point, c'est quand ses besoins sexuels se heurtent à la passivité de son mari.

Quant à Ernest, il a l'impression d'être vidé du peu d'énergie qui lui reste. Plus jeune, il a éprouvé le même sentiment quand il a été séduit par une fille qui voulait absolument un enfant de lui. Aujourd'hui, il craint de se brûler s'il s'approche trop de Yolande. Il reste à distance mais, ce faisant, il finit par créer chez elle un sentiment de frustration intolérable.

Derrière ce conflit sur l'ordre et le désordre [8] se cachent deux façons différentes de gérer l'angoisse existentielle. Yolande croit vivre dans un désordre créatif alors qu'en réalité, elle profite du chaos pour imposer son grand besoin d'être aimée ; elle prétend en avoir assez de cohabiter avec un homme « qui n'en a pas », mais elle n'admet pas son propre problème : elle est « anorgasmique », car son avidité l'empêche de se laisser aller au plaisir.

Pour ce qui est d'Ernest, sa manie de la propreté et de l'ordre cache sa peur de l'invasion. Il voulait une famille normale, mais il n'a pas compris à temps la voracité et l'immaturité de son épouse. Aujourd'hui, il est prêt à s'en aller si elle maintient ses exigences démesurées. Au cours de sa thérapie, Yolande tente des manipulations hystériques. Elle réclame des preuves d'affection tangibles et dit qu'elle ne supporte pas un homme absent ; elle admet toutefois que si elle le quittait, elle aurait peur de ne pas en trouver un autre.

Il faudra sans doute aider Ernest dans son désir d'échapper au vampirisme affectif de Yolande, dont il n'avait pas mesuré l'intensité. S'il accepte de faire une analyse avec un thérapeute masculin, et d'essayer de donner un coup de jeune à une virilité fortement altérée, il risque fort, au bout d'un moment, de ne plus supporter ses rapports avec son insatiable partenaire. C'est le prix à payer dans certaines thérapies où l'amélioration de l'un crée un déséquilibre irréversible au sein du couple.

Les passifs-agressifs

L'attitude passive-agressive est très fréquente dans le monde professionnel, derrière un vernis de respectabilité. Aux États-Unis notamment, le « politically correct » masque des conflits non résolus, nourris de sentiments archaïques comme l'envie et la colère.

Les bureaux pullulent d'hommes et de femmes qui critiquent les exigences des autres, médisent des représentants de l'autorité, font traîner les dossiers, oublient les engagements pris, mais se plaignent d'être incompris ou injustement traités. En général, ce sont ces mêmes personnes qui suscitent les réactions les plus hostiles dans les réunions, où leur manque de franchise crée une atmosphère malsaine. Au lieu de se révolter ouvertement, ils « font de la résistance ».

Mais on ne les rencontre pas seulement au travail, même si la plupart du temps, ce comportement se manifeste dans les rapports entre supérieurs et subordonnés. Il arrive aussi qu'on les croise ailleurs, au restaurant par exemple. C'est le cas du serveur qui se dirige sans se presser vers les cuisines, après qu'un client s'est plaint d'une attente interminable. Ou bien de l'adolescent qui arrive en retard à table, quand on vient de lui reprocher de passer des heures au téléphone...

Chez certains, chez les « ados » justement, ce comportement est transitoire. Chez d'autres, en revanche, c'est quasiment un style de vie. On trouve ainsi des couples où chacun est mécontent de l'autre, mais où les vrais problèmes ne sont jamais abordés franchement. Le poids et les kilos en trop sont souvent un bon indicateur du niveau de frustration conjugale...

Les deux psychologues américains, Richard B. Stuart et Barbara Jacobson, sont en effet arrivés à des conclusions surprenantes. D'abord, que de très nombreuses femmes n'entrent plus dans leur robe de mariée au bout de quelques années de mariage. Puis, d'après les résultats de leur enquête, que les femmes heureuses en ménage grossissent de huit kilos en dix ans, alors que celles qui ne le sont pas en prennent près de vingt ! Pourquoi ? Parce que les unes, rassurées par le mariage, ne se soucient plus de leur poids. Et parce que les autres, écrasées par les responsabilités et le stress, se réconfortent en mangeant. Enfin, il y a celles qui, consciemment ou pas, grossissent pour garder leur mari à distance : la sexualité de leur couple est très ennuyeuse ou extrêmement frustrante et elles préfèrent une tablette de chocolat.

Ainsi, Jean, expert comptable de cinquante ans, est amené à la consultation par son épouse Colette, qui a réussi à obtenir un rendez-vous « en urgence ». Cette femme n'ouvre la bouche que pour se plaindre de la méchanceté de son mari, de son injustice et de son égoïsme.

Ils sont mariés depuis dix ans et ont trois enfants, mais elle affirme que sa maison est quasiment vide, compte tenu de l'absence de toute communication. Ironiquement, elle souligne que Jean travaille douze heures par jour, en croyant ainsi accomplir ses devoirs conjugaux. Quand il rentre, il est fatigué, parle peu et voudrait « tirer un coup » en vitesse. Insatisfaite, Colette se refuse de plus en plus à lui, mais elle se fâche tout rouge lorsqu'elle découvre un jour que son mari a eu une aventure estivale.

Je comprends alors que, si cette femme est venue consulter, c'est pour que je critique et que je punisse son époux, d'une manière ou d'une autre. Elle ne comprend pas que Jean garde le silence à la maison parce qu'elle ne lui donne aucune occasion de participer, en parlant sans cesse comme elle le fait.

Jean est soumis. Il refuse l'idée de séparation que Colette agite comme une menace, mais il a effectivement contribué à vider leur vie conjugale de tout intérêt et de toute passion. Il se concentre sur son travail, le sport et ses enfants, car ce sont ses seules sources de satisfaction. En revanche, il a réduit au minimum son rapport avec sa femme.

Dans ce couple, la communication est tumultueuse et surtout stérile, car elle est polluée par un mécanisme toxique, celui de la « double projection » : chacun des deux veut changer l'autre, sans se demander ce qu'il pourrait faire, lui, pour que les choses évoluent. Jean voudrait une femme plus chaleureuse et sexuellement disponible, mais il a désinvesti son couple ; Colette affirme que si elle ne cède pas, c'est par insatisfaction existentielle : il ne lui vient pas à l'idée que c'est peut-être justement son attitude un peu hystérique et agressive qui éloigne son époux.

La projection du besoin de changer l'autre explique aussi pourquoi ils donnent souvent une interprétation opposée au même événement : Colette dit qu'il ne fait rien pour améliorer leur vie, et Jean réplique qu'elle n'est jamais contente, en dépit des efforts énormes qu'il fait depuis dix ans.

En général, ce genre de couple évolue vers une cohabitation litigieuse, à moins que la possibilité d'une séparation ne se fasse jour : la rupture finit par apparaître comme la solution la moins mauvaise. C'est pourquoi la thérapie ne visera pas directement les deux partenaires, mais leur relation malade. On peut, par exemple, recourir au paradoxe et souligner les effets positifs d'une aventure, de manière à faire surgir les raisons pour lesquelles il vaut mieux qu'ils restent ensemble. On peut aussi revoir d'un autre œil le fonctionnement du couple, en modifiant la valeur attribuée aux éléments jugés destructeurs : une épouse plutôt hystérique devient un être imprévisible et séduisant ; un mari passif se change en homme loyal que les femmes d'aujourd'hui ne peuvent plus dénicher.

Outre les problèmes de communication, il arrive aussi que les comportements passifs-agressifs soient associés à d'importantes difficultés d'ordre sexuel.

Ainsi, Josette, quarante-cinq ans, mariée avec Claude depuis quinze ans, vient de découvrir que son mari la trompait. La vie sexuelle de ce couple est depuis longtemps problématique et insatisfaisante. Josette n'a pratiquement jamais d'orgasme et elle a découvert très récemment le plaisir clitoridien, grâce à un vibro-masseur.

Cette femme n'a jamais admis le fait d'être adulte, et donc visible et désirable. Dès l'enfance, elle a eu tendance à retenir son flux urinaire, comme aujourd'hui son orgasme. Elle a grandi au sein d'une famille très croyante, sévère, où l'on ne parlait pas de sexualité. C'est son institutrice, et non sa mère, qui lui a expliqué ce qu'étaient les règles.

Obsédée par les rituels religieux de pureté, Josette n'a jamais exploré son corps à la recherche du plaisir. Au lycée et à la fac, elle n'a eu aucune éducation sentimentale. Elle a fait l'amour pour la première fois à vingt-trois ans, dans la douleur, parce qu'« il fallait le faire », puis elle a rencontré son mari, Claude, lequel lui a appris bien des choses, y compris sur le plan sexuel. Mais, aujourd'hui, il avoue crûment qu'il en a marre de coucher avec un manche à balai.

Dans un premier temps, Josette me demande de « réparer » son insuffisance sexuelle pour ne pas perdre son mari, puis elle comprend qu'il lui faut affronter les aspects difficiles de son caractère et, en particulier, son comportement passif-agressif.

Elle vit mal ce qui a trait à la séduction, ayant l'impression d'être trop « voyante » dans ce genre de situation, ce qui la met mal à l'aise. Elle confond « montrer » et « exhiber », par suite d'anciens interdits familiaux (« Les femmes doivent garder les yeux baissés pour ne pas susciter de tentations », lui répétait-on quand elle était plus jeune). Josette n'a compris que tardivement qu'elle réfrénait beaucoup d'émotions.

On dirait un volcan au bord de l'éruption. Elle voudrait, mais elle n'ose pas, même professionnellement. Au travail, sa violence est totalement inhibée, ce qui est caractéristique des passifs-agressifs, parfois extrêmement civils alors qu'ils voudraient être sauvages. Ils doivent donc réussir à exprimer cette agressivité, au lieu d'accumuler de la rancœur sans parvenir à se révolter. S'agissant de Josette, on découvre effectivement qu'au-delà du désir de séduire, étouffé dans l'œuf, il y a des conflits conjugaux cachés et mis de côté. Le plus sérieux est un déménagement mal vécu : elle a dû quitter le sud-ouest pour le nord afin de suivre son mari, et au fond, elle ne le lui a jamais pardonné.

Charles, lui, est un exemple de passivité agressive au masculin. Âgé d'une cinquantaine d'années, ce veuf suscite l'ennui lorsqu'il raconte ses difficultés sexuelles. Il a une histoire avec Florence, qui habite à vingt kilomètres de chez lui, mais avec laquelle il ne vit pas pour des raisons incompréhensibles. Ils ne se voient que le samedi, alors qu'ils passent leurs soirées à se téléphoner et qu'ils pourraient très bien se rencontrer, car ils souffrent tous deux de leur solitude.

Charles est un employé de mairie très anxieux. Il grossit à la moindre difficulté, voit tout en noir et craint d'être licencié, de se retrouver sans argent et mal jugé. Il a l'impression de n'être qu'« un ver » (ce sont ses propres mots), mais sa passivité finit par tuer aussi l'énergie de Florence. Celle-ci est arrivée d'un village de l'Europe centrale avec une fillette en bas âge. Elle croyait avoir rencontré un homme gentil et au salaire assuré, et elle se retrouve à vivre seule toute la semaine, avec un compagnon presque impuissant le samedi soir.

À travers son inexplicable réticence à faire vingt kilomètres pour voir Florence après son travail, Charles trahit une subtile agressivité : il profite de la situation d'une femme déracinée qui, selon moi, le quittera sûrement pour d'autres rivages plus enchanteurs.

À l'inverse, Bertrand, quarante-sept ans, marié depuis vingt-cinq, il étouffe son épouse Simone par son attitude passive-agressive. Ce couple vit et travaille ensemble dans une boutique qui leur appartient.

Le père de Simone est mort avant sa naissance et sa mère l'a élevée sous une cloche de verre. En épousant Bertrand, elle est tombée de mal en pis, car la dépendance qui avait caractérisé son rapport avec sa mère est réapparue, mais inversée.

Bertrand est certes gentil, mais il manque de « punch », ce qu'il compense par une soumission passive qui énerve Simone. Il n'arrête pas de lui demander « Tu m'aimes ? » comme un petit chien, mais il ne fait rien ensuite pour assouvir ses désirs. Et surtout, il la prive d'autonomie, lui emboîtant le pas, même quand elle a envie d'aller seule au cinéma ou de danser avec ses amies.

Bertrand n'est pas capable de faire du chiot effrayé qu'il est le cow-boy audacieux que Simone attend. Il a l'air d'accepter l'expérience thérapeutique que je lui propose (communication corporelle non génitale, suivie de caresses, sans aller jusqu'au rapport complet), mais il attend ensuite que son épouse vienne le chercher, ou se jette à l'eau la veille de la séance, par désespoir. Bref, c'est un vrai boulet que Simone essaye de secouer périodiquement. Les crises ont lieu en général l'été, quand ils continuent de mener une vie sédentaire et répétitive alors que leurs amis s'amusent.

Ils vivent ensemble depuis près d'un quart de siècle et Bertrand a atteint son objectif inconscient de faire passer le temps (y compris celui de sa femme), sans vivre à la première personne. Usant d'une métaphore géographique, je le qualifierais d'« homme-toundra », car il ne supporte ni les tropiques ni la solitude froide du pôle. Mais au lieu de rechercher des régions tempérées, il préfère cette zone où l'on peut survivre sans chercher des climats affectifs plus cléments.

Dernier exemple de « boulet à traîner » : Alexandre, cinquante ans. Hors de chez lui, avec ses collègues, ses amis et les femmes qu'il courtise parfois, c'est un homme plein de vie, alors que, à la maison, c'est une personne éteinte, négative et destructrice. Il juge la vie familiale agaçante, les discussions ennuyeuses et la spontanéité de sa femme artificielle. Dans le même temps, il reconnaît ne pas pouvoir se passer d'elle, car elle représente une stabilité à côté des aventures éphémères et impulsives qu'il se permet.

C'est comme s'il lui faisait payer la dépendance dont il a besoin, mais qu'il vit comme une contrainte. Si sa femme était une de ses maîtresses, il se montrerait plus bavard, alors qu'une épouse servant de « gardienne de la tanière » lui rappelle son enfance et, bien sûr, sa mère, indispensable mais étouffante.

Après vingt ans de vie commune, il est difficile de convaincre un tel homme que le mariage n'est pas forcément le tombeau de l'amour. Ne serait-ce que parce que sa femme trépigne mais ne fait rien. Pour finir, tous deux continueront de cohabiter de la même manière, lui en rêvant de moments d'évasion, elle d'attentions conjugales.

COMMENT VIVRE MIEUX ?

Comme les méchants se répartissent en plusieurs catégories, les tactiques de défense devront être différenciées.

1. Les provocateurs : exploitez-les, si c'est possible. C'est une stratégie efficace, surtout avec les provocateurs négatifs au travail. Pour les « neutraliser » et, en quelque sorte, en tirer parti, on peut les charger des relations avec les chefs ou les clients les plus agaçants, ou bien, s'ils ont des activités syndicales, les envoyer « sur les barricades ». Dans la vie privée, en revanche, il est plus difficile d'exploiter les attitudes provocatrices, surtout si elles font partie intégrante du caractère : un provocateur narcissique n'aura pas conscience de son défaut et aura tendance à vampiriser l'énergie des autres. Le seul conseil que je puisse donner aux victimes éventuelles, c'est de s'en éloigner. Couper les ponts, quitte à payer un certain prix, est peut-être l'unique manière de survivre face à ce genre d'individus, dont le comportement cache une agressivité destructrice et une impulsivité immature.

2. Les coléreux conjoncturels : amortissez le choc. Si vous devez composer avec quelqu'un qui sort de ses gongs seulement dans certaines circonstances, créez des situations-tampons pour lui permettre de se calmer. Si vous êtes marié à un homme qui s'énerve facilement au volant, ne montez pas en voiture avec lui ou bien incitez-le à prendre l'avion ou le train. Face à un collaborateur ou à un supérieur qui tend à s'irriter pour les retards, efforcez-vous à être ponctuel et à ne pas accorder trop d'importance à ses crises de colère quand elles surviennent.

3. Les coléreux structurels : freinez-les. Appliquez à leur endroit les règles adaptées aux personnalités querelleuses et destructrices, à savoir :

a) *Œil pour œil...* Rose se plaignait du manque d'audace sexuelle de son mari, lequel n'a rien trouvé de mieux que de lui avouer qu'il préférait se masturber en pensant à son actrice préférée. Le lendemain, elle a mis la table pour deux, mais elle n'a cuisiné que pour elle. Elle s'est mise à manger tranquillement devant son mari furieux, auquel elle a expliqué qu'elle se comportait à table comme lui au lit.

b) *L'intimidation.* Seule la « peur du gendarme » arrête certaines personnes. La diplomatie et une aimable patience n'ont aucune prise sur elles. En revanche, la loi du plus fort fonctionne.

c) La réassurance. Nombre de coléreux sont des gens qui ne sont pas sûrs d'eux. Ainsi, Laurent est mal dans sa peau ; il a toujours vécu avec l'argent de sa sœur ou des femmes qui l'ont plus ou moins entretenu. Quand la famille a essayé de resserrer les cordons de la bourse, il a menacé tout le monde de représailles violentes, allant même jusqu'à sortir un pistolet. Il a suffi de créer une situation plus rassurante (en l'aidant à trouver un travail et donc à gagner son propre salaire) pour qu'il devienne un séducteur de province inoffensif.

d) *La médiation.* Le Code civil a remplacé la loi de la jungle, et l'argumentation juridique a pris (en partie) la place de la massue de l'homme des cavernes. Pour sa part, la psychologie suggère des stratégies de médiation permettant de dédramatiser des conflits exacerbés. Dans les thérapies conjugales, si l'on a affaire à un couple qui se dispute à propos de tout, on peut dire qu'il y a désormais un mur qui empêche toute communication. Comment franchir l'obstacle ? L'homme dira qu'il faut escalader le mur, tandis que la femme pensera peut-être qu'il faut percer une porte. Au bout d'un temps, ce couple remplacera la confrontation directe et dure par une discussion sur les moyens de remédier à son manque de communication. L'objet du litige se sera donc déplacé et le conflit deviendra moins âpre.

4. Les passifs-agressifs : trouvez un antidote. C'est vrai, ce n'est pas facile, surtout s'ils exercent un certain pouvoir sur vous. Comment réagir alors ? L'instinct suggère, surtout sur le plan professionnel, de les confronter à une situation claire, à laquelle ils ne peuvent répondre que par oui ou non, même s'ils ont l'art d'esquiver. S'agissant de la vie privée, il peut être utile de leur montrer la différence entre « contrôle » et « maîtrise », en les invitant à manifester plus de spontanéité. Faites aussi preuve d'humour, d'imagination et apprenez à convertir le conflit en énergie si vous voulez neutraliser l'irritation que ces personnes savent faire naître en nous. Face à un couple de longue date, il est inutile d'attiser les anciennes rancœurs. Si au fil des ans, les deux partenaires n'ont pas réussi à construire une vraie complicité, il est plus sage qu'elles élargissent leur espace d'autonomie au lieu de rechercher un impossible rapprochement.

CHAPITRE IV

Les anxieux

On dit que la précipitation est mauvaise conseillère. Mais la peur et l'anxiété ne valent pas mieux, au point que des institutions financières comme la Bourse peuvent elles aussi subir des variations sur la base de critères irrationnels : la tendance peut être « haussière » par suite de prévisions exagérément optimistes ou « baissière » pour cause de panique contagieuse.

Pourtant, l'anxiété a, au départ, une finalité positive : elle est au service de la vie. On parle alors d'« eu-stress », c'est-à-dire d'une stimulation qui nous tient en alerte quand nous devons affronter un danger ou prendre une initiative particulièrement importante. Du point de vue biologique, l'anxiété est liée à l'adrénaline et à la dopamine, hormones produites par l'organisme qui génèrent, chez l'animal comme chez l'homme, un état de vigilance ou d'alarme. Ainsi, elle aidera un étudiant dans son sprint final et lui permettra de réussir brillamment un examen. Malheureusement, chez certaines personnes, l'eu-stress se transforme en « di-stress » (plus couramment appelé « stress » tout court), état dans lequel les réactions physiologiques sont démesurées par rapport à leur cause. Celles-ci persistent après l'événement, alors qu'elles n'ont plus lieu d'être.

Dans la société occidentale, frénétique et exigeante, l'anxiété est devenue une compagne ordinaire pour beaucoup. Même si, comme l'a souligné la psychothérapeute Gianna Schelotto [1] dans son livre consacré à ce sujet, il convient d'en distinguer trois types :

- *L'anxiété « naturelle ».* C'est celle qui nous pousse à nous préoccuper à juste titre de questions importantes touchant à notre travail, notre santé, notre vie affective. Il s'agit d'une inquiétude positive, parce qu'elle oriente la tension vers le changement.
- *L'anxiété « névrotique ».* Elle prend par surprise et s'accompagne souvent de problèmes psychosomatiques.
- *L'anxiété « existentielle ».* Elle a trait aux grands thèmes que sont la vie, l'amour et la mort : nous traversons alors des périodes déchirantes, mais qui nous donnent la possibilité de réfléchir. Et de mûrir.

Quand la vie devient une course d'obstacles

L'anxiété qui nous intéressera ici est l'anxiété névrotique qui accompagne, trouble et paralyse la vie. Et qui rend parfois les personnes qui en sont affligées, pénibles, voire carrément dangereuses !

Je pense à un ami qui, l'été dernier, m'a téléphoné pour me demander du Viagra, lequel n'était pas encore en vente en France. Je l'ai assuré que je ferais le nécessaire dans la semaine qui suivait, mais son anxiété a été plus forte, et deux jours plus tard, il m'a rappelé. C'est ma secrétaire qui lui a répondu et qui, conformément à mes instructions, s'est efforcée de le tranquilliser. Il a encore fallu qu'il lui téléphone deux fois et pour finir, il a essayé de me joindre sur mon portable (dont le numéro est confidentiel) afin de me demander si j'avais bien laissé la consigne à ma collaboratrice !

L'anxiété semble aussi être un trait caractéristique des mamans du sud de l'Europe. Carmen, jeune diplômée de vingt-cinq ans, vit encore chez ses parents. Sa mère, très affectueuse mais particulièrement craintive, lui a offert un portable afin de calmer sa propre angoisse. Mais si la jeune femme sort toute une journée, ou s'en va pour le week-end et ne répond pas à ses deux appels quotidiens, elle imagine tout de suite le pire.

Carmen est fille unique et par toutes ses recommandations sur le manque de fiabilité des hommes, sa mère essaie de conjurer le risque qu'elle se fasse « manger par le gros méchant loup ». Le résultat obtenu est à l'opposé de l'effet recherché, puisque Carmen, face à l'impossibilité de calmer sa mère, qu'elle ne veut pas non plus mécontenter, a commencé à lui raconter des histoires pour avoir la paix.

Gérard est lui aussi un anxieux chronique. Son père, rigide et sévère, l'avait mis en pension quand il était adolescent parce qu'il s'était permis de lui désobéir. Depuis, il est dévoré par le désir de se venger mais aussi par la crainte de l'autorité, qu'il voit comme le prolongement de celle de son père. Ainsi, à la vue des douaniers, il est pris de panique, même s'il n'a rien à se reprocher. Et du fait de la maladresse de son comportement, il est soumis à beaucoup plus de contrôles que les autres voyageurs !

En outre, il redoute constamment de laisser sa voiture là où il ne faut pas. Ce qui fait qu'il finit toujours par se garer à au moins deux kilomètres du stade quand il va voir des matchs de foot, sa passion. Il en est pratiquement venu à ne plus utiliser sa voiture, mais lorsqu'il prend l'autobus ou le train, la peur de l'autorité le saisit de nouveau dès qu'il aperçoit un contrôleur...

Gérard souffre aussi d'une légère claustrophobie qui l'empêche de s'asseoir à l'arrière dans une voiture (à moins que ce ne soit un modèle à quatre portes). Il n'aime pas se retrouver dans un cinéma bondé, mais dans l'ensemble, sa claustrophobie est plutôt modérée. En revanche, son anxiété a entravé son épanouissement et l'a amené à s'appuyer sur une femme forte, qui le domine. Son potentiel humain, remarquable en termes d'intelligence et de qualités humaines, a été en quelque sorte pollué par cette agitation permanente, qui a engendré en lui doutes et insécurité.

Ce qui nous intéresse n'est pas seulement l'évolution personnelle des anxieux, mais aussi l'influence qu'ils peuvent avoir sur nous. Si leur sollicitude est parfois affectueuse, dans d'autres cas, elle peut aussi devenir difficile à gérer. En effet, il arrive, dans la vie privée ou au travail, qu'au stress d'une échéance à respecter ou d'un obstacle bureaucratique inattendu s'ajoutent des amis, des collègues ou, pire encore, des supérieurs anxieux, qui voient tout en noir et vont renforcer la difficulté.

Cela dit, je ne veux pas sous-estimer l'aspect créatif de l'anxiété, et le phénomène Woody Allen, avec ses inventions cinématographiques de génie, en illustre l'importance. Dans la littérature, la peinture et au cinéma, on retrouve les « images » et les « formes » de l'anxiété : depuis les vers mélancoliques de Lamartine jusqu'à l'angoisse qui plante son « drapeau noir » chez Baudelaire, en passant par les « Muses inquiétantes » de De Chirico et l'inoubliable partie d'échecs contre la mort dans *Le Septième sceau* de Bergman. L'anxiété et sa variante plus sombre et plus tourmentée, l'angoisse, sont donc intimement liées à l'art. Non seulement parce que nombre de livres ou de tableaux évoquent ces sentiments, mais aussi parce qu'elles marquent fortement la vie d'un grand nombre de peintres, d'écrivains ou de réalisateurs.

Sans être artistes, il y aussi des personnes qui, pour produire, ont besoin d'être dans un état d'excitation qui les fait sortir de la torpeur ou de l'ennui du quotidien. Ainsi, mon ami Alex est un exemple typique de victime de l'anxiété créatrice, qui peut donner des sueurs froides à ceux qui le fréquentent. Excellent organisateur de colloques littéraires et culturels, il a réussi à pénétrer des milieux où nul n'avait accès et à y transmettre le goût de la lecture. Le problème est que même s'il essaie de s'organiser plusieurs mois à l'avance, il finit toujours par agir dans l'urgence, ce qui fait que les manifestations comportent toujours une bonne part d'imprévu. Alex s'en sort avec des brûlures d'estomac et les écrivains avec la promesse que l'année suivante, ce sera plus calme.

Qu'ils contiennent leur anxiété ou la transmettent aux autres, les anxieux chroniques présentent en général quatre caractéristiques : l'anticipation anxieuse, une attention exagérée aux risques, une tension excessive et un activisme frénétique. Voyons ces différents points de plus près.

L'anticipation anxieuse

Les anxieux imaginent tout de suite le pire. Ils s'inquiètent en permanence, même en l'absence de tout indice. Au point que, s'ils reçoivent une facture ou une amende à payer, ils se précipitent immédiatement à la poste ou à leur banque.

L'attention exagérée aux risques

Le monde est dangereux, des catastrophes nous y guettent à tout moment : tel est le credo de l'anxieux. D'où la nécessité d'être vigilant et de multiplier les actions de prévention. Nelly, par exemple, semblait quelqu'un d'un peu sur la défensive, mais de globalement intelligent et sympathique. Le jour de son départ en vacances, elle s'est complètement transformée et son nouvel ami a découvert une autre femme. Alors qu'ils devaient partir à neuf heures et demie, elle était debout à sept, bagages bouclés, énumérant tous les risques possibles durant le transfert de l'hôtel au ferry, puis du ferry à la gare.

À la question qui permet de déterminer automatiquement à quel type de voyageur on a affaire, « Si vous devez prendre un train, arrivez-vous au dernier moment, dix minutes avant ou avec une demi-heure d'avance ? », Nelly aurait clairement donné la troisième réponse.

La tension excessive

Les anxieux voient avant tout le volet négatif de chaque événement, ce qui crée en eux une tension permanente qui les met mal à l'aise et crée autour d'eux une atmosphère pénible. Comme l'expliquent très bien François Lelord et Christophe André [2], ils présentent un réglage un peu trop sensible de leur « système d'alarme ».

L'activisme frénétique

Les anxieux présentent des mécanismes « contre-phobiques », qui déclenchent un activisme frénétique compensateur de la peur, voire une attitude de défi.

C'est le système de défense adopté par Oscar, un industriel renommé de soixante-cinq ans, perpétuellement en mouvement pour se prouver sa capacité d'inventer des choses toujours nouvelles. Pour lui, l'immobilité est synonyme de mort depuis le jour où, dans son enfance, la grand-mère qui le tenait par la main dans la rue a été renversée par une moto.

Cet homme a exorcisé sa peur de mourir en faisant beaucoup de sport et en suivant un régime alimentaire sain et très contrôlé. Il s'est organisé un « nid » familial, avec une femme qui est une vraie mère poule. C'est à l'extérieur qu'il vérifie ses performances sexuelles...

Sexuellement, Oscar a peur de ne plus pouvoir et il s'est tout de suite fait prescrire les nouveaux médicaments mis sur le marché, et en particulier le Viagra. Il aime surtout les femmes jeunes et conciliantes, car il se sent mal avec des femmes agressives. Ce qui nous amène tout droit aux cas où l'anxiété pollue le bonheur sexuel.

L'anxiété sexuelle

Théoriquement masculine, l'anxiété de performance qui sévit au lit existe, en fait, aussi bien chez les hommes que chez les femmes. Si dans le cas des hommes, ses conséquences sont directement visibles (absence ou cessation de l'érection), chez les femmes, elle empêche de parvenir au plaisir. Ce type d'anxiété au féminin est cependant plus rare, ce qui explique que les protagonistes des histoires qui suivent soient tous des hommes.

Prenons le cas de François, un commerçant de quarante-deux ans, qui est inquiet parce qu'il n'a plus d'érection

« préalable ». En réalité, il réagit de façon tout à fait normale lorsqu'il est stimulé « mécaniquement » par des caresses, mais il est tellement angoissé qu'il minimise ces réussites et dépense des fortunes dans des examens andrologiques visant à contrôler sa normalité. Il souffre d'une anxiété de performance parfaitement typique.

À peine éveillé, s'il s'aperçoit qu'il n'a pas d'érection matinale, il se dit qu'il est fini. Et lorsqu'il a une érection nocturne, il réveille sa femme non pas pour avoir des rapports sexuels, mais pour lui faire admirer sa vigueur. Cette inquiétude frôle maintenant l'obsession : souvent, dans sa voiture ou au bureau, François se touche à travers son pantalon. Et quand il fait froid, la rétraction naturelle de son pénis lui fait craindre de « ne plus en avoir ».

Et pourtant, de toute évidence, l'angoisse d'Oscar est dénuée de fondement, puisqu'il a une activité sexuelle supérieure à la moyenne des hommes de son âge.

J'ai vu des centaines d'hommes se comporter comme François. Certains sont anxieux en permanence, dans tous les secteurs de la vie. D'autres ont trouvé, sur le plan professionnel, une distance affective qui leur permet de gérer leur émotion, mais ils sont tellement vulnérables sur le plan sexuel qu'il suffit d'un rien pour que resurgissent des doutes de longue date.

Dans ce domaine, d'ailleurs, les inquiétudes masculines et féminines ne sont pas du même genre, car chez les femmes, l'anxiété touche plus facilement à la séduction, alors que depuis des siècles, les hommes concentrent leur peur sur leur organe sexuel.

Jean, qui a trente ans, souffre lui aussi d'anxiété de performance. Mais dans son cas, la cause n'est pas interne, mais externe, et elle s'appelle Louise. C'est un homme sympathique et intelligent. Sur le plan sexuel, il n'a pas de problèmes, sauf lorsqu'il s'embarque dans des histoires sentimentales farfelues. C'est malheureusement ce qui s'est passé avec Louise, une séduisante trentenaire qui est aussi un peu mythomane et qui utilise, avec lui, la technique de la « douche écossaise ».

Leur histoire est tumultueuse, ils se sont déjà quittés et retrouvés de nombreuses fois. Quand elle voit Jean avec une autre femme, elle fait tout pour le reconquérir ; et une fois qu'elle a réussi, elle le tyrannise. Bref, elle se comporte comme une marionnettiste qui tire les ficelles de son pantin.

Au lit aussi, c'est une femme dangereuse. L'érection de Jean lui permet de « vérifier » si elle est toujours aussi séduisante. Au point qu'une nuit, après avoir fait l'amour, elle a laissé échapper une remarque un peu brutale : « Ce soir, tu bandais moins bien que la dernière fois », ce qui, dans son esprit, voulait dire : « Je te plais peut-être moins qu'avant ». Mais Jean l'a interprété comme : « Ce n'était pas terrible. » Depuis, il n'arrive plus à faire l'amour avec elle.

Dans un premier temps, il a fallu l'aider à surmonter ses angoisses les plus immédiates, focalisées sur la peur que Louise n'aille « cancaner » et raconter ses problèmes, ce qu'elle avait déjà fait. Mais Jean ne voulait pas partir pour autant, refusant de mettre fin à cette histoire sur un échec sexuel qui le rongeait.

C'est au cours de la brève thérapie qui a suivi que cet homme a commencé à comprendre qu'il valait peut-être mieux envisager de rompre plutôt que de continuer de s'inquiéter en permanence sur ses capacités sexuelles : dans un contexte sentimental plus apaisant, il était probable qu'elles redeviendraient tout à fait normales. Hypothèse qui s'est révélée exacte peu de temps après. Jean vit désormais une autre histoire plus heureuse et Louise, pour ne pas changer, essaie de le récupérer. Mais je crois que cette fois, il tiendra bon.

Les cas d'anxiété de performance sont innombrables, mais nous nous bornerons à en citer encore deux où la tâche du thérapeute a consisté à mettre le doigt sur l'élément précis qui avait engendré cette crainte et les difficultés sexuelles qui en avaient résulté.

Ainsi, Daniel, quadragénaire et père de trois enfants, a divorcé il y a dix ans d'une épouse « dominatrice ». Il a ensuite vécu avec deux femmes énergiques, mais qui l'ont quitté l'une et l'autre parce qu'elles préféraient leur indépendance à une relation où elles devaient s'occuper de la cuisine et du linge. Elles ont opté pour la solitude plutôt que pour un homme qui avait besoin d'être « nourri et blanchi ». Et consolé de ses défaillances sexuelles.

Daniel, qui a toujours été dominé par sa mère et ses sœurs, a donc rencontré, au cours de sa vie, trois femmes qui se ressemblent, conformément au principe tout à fait classique de la répétition névrotique. Sur le plan professionnel (il est géologue), il s'en tire plutôt bien, mais sur le plan sexuel, il est tenaillé par l'anxiété.

Au cours de la brève thérapie que nous avons entreprise, il a évoqué le fantasme du « vagin denté », c'est-à-dire d'une femme castratrice et dangereuse. Ce fantasme, typiquement masculin, peut soit inhiber le désir, soit rendre l'érection aléatoire ou encore accélérer l'éjaculation quand, pendant le rapport, il surgit au milieu d'autres fantasmes plus excitants.

André, cinquante-cinq ans, est, lui, veuf depuis deux ans. Il est tenaillé par le souvenir de son épouse, dont il a peur de trahir la mémoire. Celle-ci était gravement malade, et dans les derniers temps, ils n'avaient plus de rapports sexuels, mais son image reste dominante. Cette femme était plus âgée et André, qui est fragile et très anxieux, était comme agrippé à elle.

Un bilan médical a confirmé qu'André ne présentait aucun dysfonctionnement organique. C'est donc une cause émotionnelle qui le bloque dans sa nouvelle relation, laquelle remonte à un mois. Il peut avoir une érection tant qu'il est habillé, mais une fois qu'il est au lit, ça ne va plus.

Les entretiens psychologiques ont permis de faire apparaître divers facteurs anxiogènes convergents : André a peur de ne pas réussir à satisfaire sa nouvelle compagne, mais en même temps, il craint de trahir la mémoire de sa femme. En outre, il est maladroit, car il a voulu faire l'amour chez lui, dans son lit conjugal, ce qui a bien évidemment été catastrophique.

Là encore, une brève thérapie a suffi pour résoudre ce problème de deuil. André a fini par se convaincre que son épouse serait sans doute contente de savoir qu'au lieu de rester seul, il vit une nouvelle relation. Je lui ai également conseillé de changer l'aménagement intérieur de sa maison et d'inviter sa nouvelle amie en vacances, pour voir si un changement de cadre calmait ses angoisses. Ce qui a été le cas.

Les anxiétés de couple

L'anxiété, qui est un phénomène psychologique fondamental, est la compagne de bien des couples, du moment où ils se forment jusqu'à celui de la séparation, volontaire ou non, en passant par tous les événements qui constellent la vie à deux. Dans certaines situations, elle entraîne des cohabitations vraiment désastreuses.

Ainsi, mon ami Albert et son épouse Françoise, tous deux quadragénaires, sont des angoissés chroniques, qui ne cessent pas de se disputer quand ils sont ensemble. Quand ils sont séparés (Albert est souvent appelé à se déplacer pour des raisons professionnelles), vu qu'ils sont très dépendants l'un de l'autre, ils se sentent seuls. Ils se téléphonent et, à distance, ils s'aiment. Mais dès qu'ils passent un peu trop de temps ensemble, ils font des étincelles. Entre eux, l'atmosphère est tellement électrique que même leur chien est devenu anxieux et névrotique.

Après des années d'interminables disputes auxquelles tous les collègues d'Albert ont pu assister, ils ont décidé, il y a quelques mois, de mettre un terme à leur mariage. Albert a même révélé à Françoise qu'il était l'amant de sa secrétaire. Malgré cela, prétextant des raisons fiscales et financières, ils ne se sont pas quittés et continuent de vivre dans le même logement, en faisant chambre à part.

Au lieu de s'améliorer, les choses ont empiré. Pour Françoise, qui se sent plus seule qu'indépendante, comme pour Albert qui, lorsque son aventure avec sa secrétaire a pris fin, a perdu d'un seul coup une maîtresse et une collaboratrice.

Nombreux sont les couples qui ne réussissent pas à trouver la bonne distance entre autonomie et coexistence. Bien souvent, ils sont trop l'un sur l'autre ; d'un côté, ils se protègent, mais de l'autre, ils s'étouffent mutuellement. Dans d'autres cas, l'anxiété de couple est d'un type différent, mais finit par agir tout aussi négativement sur les deux partenaires.

Josette, trente-trois ans, a deux petits enfants et un mari d'une cinquantaine d'années, Léo. À la suite de ses grossesses, cette femme a pris une quinzaine de kilos et son conjoint ne lui épargne aucune réflexion blessante. Après avoir investi toute son énergie dans son rôle de mère, elle se sent déçue : non seulement à cause des remarques peu amènes de son conjoint, mais parce que son désir pour lui a progressivement diminué, au point qu'elle peut éviter les rapports sexuels pendant trois mois de suite.

Plus qu'anxieuse, Josette est angoissée : elle parle vite, sent les choses à fleur de peau et a souffert, dans son adolescence, de boulimie. Elle a combattu le risque d'obésité en pratiquant frénétiquement le volley-ball. Mais après, comme cela arrive fréquemment chez les sportifs « au repos », elle a grossi. Ses anciennes crises de boulimie sont aussi revenues à cause de son anxiété : elle mange du chocolat pour se calmer et, parfois, se lève la nuit pour aller chercher une « petite douceur » dans le buffet.

En consultation, Josette parle beaucoup et écoute peu. Elle insiste avec véhémence sur les carences sexuelles de son mari. Mais l'angoisse qui la tenaille l'a également sauvée : au lieu de renoncer, elle a obligé son mari à s'expliquer de front, et Léo a fini par avouer de récentes aventures extraconjugales.

Au cours de la thérapie, il est apparu que cette crise n'avait pas brisé leur mariage, mais qu'elle était plutôt l'expression de leur « maladresse » partagée. Léo est un homme sensible et émotif, un de ces anxieux qui gardent tout à l'intérieur d'eux-mêmes. Après l'aveu de sa trahison, il s'est senti libéré et il a pu reprendre avec sa femme une vie sexuelle alerte qui nous a amenés à annuler le bilan médical prévu.

Léo a confirmé que sa baisse de libido avait d'abord été liée à la prise de poids de sa femme mais que c'était l'amertume et l'insatisfaction grandissantes de celle-ci qui l'avaient véritablement bloqué. Cette attitude a fait naître une anxiété de performance qui l'a conduit à éviter les rapports sexuels. Et il est devenu de plus en plus difficile pour lui de prendre l'initiative dans ce domaine.

L'anxiété de Léo et l'angoisse de Josette ont donc produit un cercle vicieux qui a failli briser un couple tout compte fait solide. Grâce à une brève thérapie de crise, leur vie, momentanément enlisée, a été remise à flot. Reste la tendance boulimique de Josette, qui est une des expressions de son angoisse et qui pourra être abordée dans le cadre d'un traitement centré sur les troubles alimentaires.

Quand l'angoisse tourne à la maladie

Raphaël, avec qui je joue au tennis, est un homme sympathique mais aussi très anxieux. C'est pourquoi lorsque nous nous rencontrons pour faire une partie, je dois veiller à ne pas lui parler des situations difficiles que j'ai pu rencontrer à l'hôpital, sans quoi il se les approprie sans tarder. Il commence à sentir une douleur rétrosternale, et les électrocardiogrammes de contrôle se succèdent. Si je lui raconte qu'un patient s'évanouit régulièrement et a des vertiges qui sont peut-être les signes précurseurs de quelque chose de plus grave, Raphaël se persuade qu'il a une tumeur au cerveau et se fait prescrire une IRM. Quand il doit prendre un médicament, il lit attentivement la notice, s'inquiète des effets secondaires possibles du produit concerné et, pour finir, décide de s'en passer !

Bref, c'est un véritable hypocondriaque. Et, comme tous les malades imaginaires, il empoisonne la vie de ceux qui l'entourent. Il est à l'écoute de tous les symptômes possibles et imaginables, qu'il s'empresse de vérifier dans une encyclopédie médicale, ce qui l'amène régulièrement à se croire incurable alors qu'il n'a aucune raison de s'inquiéter.

Dans le cas de l'hypocondrie, l'anxiété amène à s'imaginer, sans aucun fondement, toute sorte de maladies de préférence graves. Mais l'anxiété peut aussi se transformer en une vraie maladie. Elle peut surtout entraîner une somatisation sous forme de troubles neurovégétatifs multiples : palpitations, transpiration excessive, besoin fréquent d'uriner, migraines et vertiges, sans parler de crampes et de tensions musculaires anormales, qui provoquent un état de fatigue. Elle peut aussi causer des problèmes de concentration, d'insomnie ou d'altération du sommeil, ou encore d'agitation permanente. Elle peut déboucher sur une boulimie qui, nous l'avons vu, traduit de fortes angoisses. Parfois, elle s'extériorise, à travers des maladies de peau de nature psychosomatique : prurits, eczémas, dermatites. Enfin, l'anxiété peut aussi provoquer une tachycardie et des problèmes cardiaques.

L'une des peurs typiques des hommes qui ont fait un infarctus est celle du « coït fatal ». Des millions de cardiaques continuent de croire que les relations sexuelles sont mauvaises pour le cœur et que des excès en ce domaine peuvent être mortels. Selon Scheingold et Wagner [3] de l'Université de Washington, après un infarctus, les préoccupations des malades tournent souvent autour du risque encouru s'ils reprennent une activité sexuelle. En fait, l'abstinence forcée qu'ils s'imposent est souvent iatrogène, c'est-à-dire provoquée par les médecins eux-mêmes, qui leur déconseillent de faire l'amour.

Une étude [4] menée à Genève sur cent patients interrogés un an après leur infarctus a montré que trente-quatre d'entre eux n'avaient pas refait l'amour, et ce sans raison médicale. Dans l'ensemble du groupe, le rythme moyen des rapports sexuels était passé de 5,2 à 2,7 fois par mois. Les raisons indiquées étaient par ordre de fréquence décroissante : la diminution de la libido; la dépression; la peur d'une récidive; la crainte exprimée par le partenaire; des crises d'angoisse régulières, assorties d'une douleur thoracique et de difficultés respiratoires.

Les causes principales de la raréfaction des rapports sexuels étaient donc d'ordre émotionnel, et non physique. Les patients ont d'ailleurs été soumis à des tests d'effort et à des contrôles de leur activité cardiaque qui ont confirmé que, dans des conditions psychologiques et environnementales favorables, les relations sexuelles ne font pas plus de mal que n'importe quelle activité courante. Bref, le cardiaque et son conjoint ont toutes les raisons d'être optimistes tant qu'on ne leur impose ni la chasteté forcée d'un grand invalide ni les efforts d'un sportif de haut niveau.

Phobies et attaques de panique

Dans certains cas, l'anxiété n'est pas somatisée et ne crée pas de troubles physiques, mais elle génère des attitudes psychopathologiques appelées « phobies » ou, chez les personnes les plus gravement affectées, « attaques de panique » lesquelles, comme le rappelle la psychologue Elaine Sheehan [5] dans un livre consacré à ce sujet, touchent globalement entre deux et quatre pour cent de la population.

Les phobies sont une peur incontrôlable d'un objet spécifique, ou de certaines activités ou situations, lesquels doivent être évités à tout prix. Les plus courantes sont les phobies de contact (par exemple, à l'égard de certains animaux) et les phobies spatiales, où l'environnement est ressenti comme trop grand ou trop petit. On trouve ainsi l'« agoraphobie », ou peur des espaces ouverts, chez ceux qui ne supportent pas de se trouver sur une grande place, et la « claustrophobie », ou peur des espaces clos, chez ceux qui ne peuvent prendre un ascenseur, entrer dans un tunnel ou dans un cinéma bondé.

Ce sont parfois de « toutes petites peurs », mais la crainte du noir ou des insectes peut cacher des vies suspendues et des drames intimes. Et ces formes d'organisation psychopathologiques de l'anxiété gâchent la vie non seulement à ceux qui en souffrent, mais également à leurs parents et amis, qui finissent par en être eux aussi les esclaves.

Pour Irène, la situation est encore plus compliquée. Elle ne supporte plus son mari, et répète depuis dix ans qu'elle va le quitter. Mais elle supporte encore moins de dormir ou de voyager seule, car cela crée chez elle d'insoutenables angoisses. Elle continue donc de vivre avec lui et de lui rendre la vie impossible tout en désespérant de trouver un jour une issue à son problème.

Ces dix dernières années, la psychiatrie a identifié un autre syndrome particulier, appelé « attaques de panique ». Il a été avancé qu'elles seraient d'origine biologique et proviendraient, en l'occurrence, du système limbique du cerveau. On peut les combattre à l'aide de tranquillisants (comme la benzodiazépine) ou d'antidépresseurs de la nouvelle génération, mais aussi à l'aide de techniques de relaxation et des « médecines douces ».

Les attaques de panique correspondent plus ou moins à ce que l'on appelait, à une époque, les « névroses d'angoisse », c'est-à-dire des formes d'anxiété qui explosent de façon désordonnée, sans être canalisées dans des phobies particulières, lesquelles permettent, elles, de vivre relativement bien tant que l'on évite les situations qui font surgir l'angoisse (il suffit, par exemple, que le claustrophobe ne pénètre pas un espace clos).

Les attaques de panique, décrites comme des moments où l'on a l'impression de tomber dans un trou noir et de sentir en soi un grand vide angoissant, sont de plus en plus courantes. Au point qu'il s'est formé des groupes d'entraide à l'initiative d'anciens malades.

Qu'elle se transforme en phobies ou en attaques de panique, l'anxiété peut donc influencer considérablement le bien-être personnel. C'est ce qu'illustre le cas d'Anna, qui a vingt-cinq ans et, depuis peu, un bébé.

Bien que sa grossesse ait été désirée (par elle comme par son mari), Anna n'a pas cessé d'avoir des crises de panique. Outre que les nausées des premiers mois, particulièrement fortes, l'ont empêchée de mener une vie normale (son rendement professionnel s'en est ressenti, et durant l'hiver, elle a dû renoncer aux week-ends à la neige, sa passion), elle a eu l'impression d'être « coincée » par une maternité peut-être trop précoce.

Anna et son mari se connaissent depuis peu de temps. Ils ont eu le coup de foudre, et se sont mariés très vite. Ils ont ensuite eu envie, toujours avec la même hâte, d'avoir un enfant, et elle est tout de suite tombée enceinte. C'est là qu'elle a commencé à « étouffer », à manquer d'air, à se demander s'il était judicieux de fonder une famille avec un homme dont, en fin de compte, elle ne savait pas grand-chose.

Anna est une anxieuse, qui a toujours souffert de claustrophobie. Elle se sent mal dans des lieux fermés, elle n'aime pas aller au cinéma et déteste passer sous des tunnels, que ce soit en train ou en voiture. Cette impression d'étouffement s'est « transférée » sur sa grossesse. Mais, paradoxalement, cette sensation n'était pas tant due à son ventre qui gonflait, l'alourdissait et rendait ses déplacements pénibles, qu'aux aspects psychologiques d'un événement devenu inévitable.

C'est justement l'inéluctabilité des choses qui nous a apporté la clé de son angoisse. Il fallait remonter à son passé, à sa famille. Anna était très liée à sa sœur, qui souffrait d'une dystrophie musculaire progressive qui la paralysait. Elle a beaucoup souffert de devoir assister impuissante à sa lente dégénérescence. Et elle a ensuite projeté inconsciemment sur le bébé ses peurs d'autrefois.

Nous lui avons d'abord conseillé une psychothérapie de crise, qui l'a assistée durant les neuf mois de sa grossesse, en lui permettant de surmonter ses attaques de panique. L'accouchement s'est passé sans problème, même s'il a fallu pratiquer une césarienne. Nous essayons maintenant de l'aider à ne pas reporter sur son enfant, tout au moins pendant les premiers mois, sa peur d'être « bloquée ». En effet, les personnes qui souffrent de claustrophobie ressentent les mêmes craintes quand elles se sentent étouffées sur le plan affectif. D'où l'anxiété qu'Anna a projetée sur sa grossesse et son mariage.

Les timides et les peureux

Chez les timides et les peureux, l'anxiété, développée au fil des ans, devient un comportement, voire un véritable trait de caractère.

La réserve et la sensibilité confèrent aux timides un charme certain, ce qui n'est pas si mal dans un monde qui compte beaucoup d'excessifs, d'arrogants ou d'impudents. Dans le livre qu'il consacre à ce sentiment, le psychiatre Fausto Manara [6] en fait même l'éloge : dans une société qui ne parle plus que d'efficacité et de gagneurs, jouer avec sa timidité, l'accepter et ne pas la masquer peut constituer un atout dans ses rapports avec autrui. Et du point de vue sentimental, certains de ces timides peuvent, passé le premier choc et s'ils se retrouvent dans un environnement favorable, devenir des partenaires d'une grande fiabilité.

Mais il y a aussi des exemples moins positifs, dans lesquels les intéressés sont non seulement timides, mais carrément malades de peur face, par exemple, à l'intimité ou la vie à deux. Examinons ce cas de figure à travers trois personnages masculins.

Le maladroit sentimental

Marc a vingt ans et m'avoue n'avoir jamais réussi, encore, à conquérir le cœur d'une fille. Quand il en rencontre une, il est incapable de faire en sorte que cela débouche sur une relation sentimentale qui, au début, pourrait n'être qu'une amitié.

Quand il m'a demandé conseil, je l'ai surtout réconforté, puisque en dépit de sa timidité, il parvient à faire le premier pas, ce qui, déjà, n'est pas négligeable.

Je connais de grands timides qui rougissent rien qu'en pensant à celui ou celle qu'ils aiment, ou qui se mettent d'avance en situation d'échec : s'ils vont à une fête, ils se placent là où il ne faut pas, ou bien ils attendent trop longtemps, et la personne qu'ils voulaient inviter à danser se fait embarquer par quelqu'un d'autre.

Marc ne semble pas être de ceux-là, puisqu'il sait établir un premier contact. Mais après ? Sans doute est-il trop sérieux et trop précis : il ne doit pas laisser assez de place à l'imagination et à l'improvisation. Une autre erreur, assez couramment commise par les hommes, consiste à ne parler que de sujets qui leur plaisent à eux, ou dans lesquels ils se sentent compétents (comme le foot ou l'informatique), oubliant que cela peut ne pas passionner leur partenaire.

Tous les grands séducteurs savent que le succès dépend de la capacité à s'intéresser (au moins en apparence) au monde de celle qu'ils souhaitent conquérir... Un autre secret consiste à trouver des prétextes honorables pour faire durer la relation jusqu'à ce qu'elle puisse devenir une histoire d'amour. Faire du sport ensemble, ou partager un même goût pour le cinéma ou la photo constitue sans nul doute une bonne stratégie auxiliaire, à laquelle peuvent recourir même les plus anxieux.

Enfin, pour les hommes hésitants, il reste une dernière solution : se faire choisir par une femme nettement plus décidée qu'eux, qui prendra les choses en mains et leur servira « sur un plateau » la rencontre sentimentale tant désirée.

Il m'est arrivé de revoir, après les avoir perdus de vue pendant très longtemps, des collègues universitaires très studieux et très timides que je n'imaginais absolument pas mariés. Presque tous avaient été pris en charge par des femmes énergiques et résolues qui les dominaient dans de nombreux secteurs de leur vie conjugale, laquelle ne devait pourtant pas être un calvaire, puisqu'elle durait depuis plus de vingt ans.

Tout dans les muscles...

Après avoir été un bon joueur de tennis, Julien, la quarantaine, est désormais l'entraîneur-manager d'une jeune championne qu'il suit dans ses différents tournois. Il a une vie sociale intense, mais purement superficielle et liée à son travail. Il est entouré non pas d'amis, mais de connaissances qu'il fréquente pour des raisons d'affaires. Et s'il va souvent au restaurant, c'est surtout pour discuter avec des sponsors potentiels.

Dans son métier et sa vie mondaine, Julien est plutôt bon, car il réussit à masquer sa peur de l'intimité. À vingt ans, il a épousé une camarade d'école avec qui il a eu une vie sexuelle intense, ce qui ne l'a pas empêché de multiplier les aventures sans lendemain. Il s'agit sans aucun doute d'un immature affectif, d'un adolescent de quarante ans.

Le talon d'Achille de Julien réside dans ses rapports avec ses enfants : en dehors d'un court de tennis, il ne sait pas quoi faire avec eux ou de quoi leur parler. Il y a peu de temps de cela, comme Julien et sa femme ont décidé de divorcer, ils ont passé leurs vacances chacun de son côté avec les enfants. Pour Mireille, tout s'est bien passé alors que Julien, au bout d'une semaine, a trouvé un prétexte pour interrompre la cohabitation estivale. Il ne savait pas comment se comporter, surtout avec sa fille, et il trouvait les journées interminables et ennuyeuses. Incapable de faire face à la situation, il a préféré les ramener en ville.

C'est à travers ces rapports avec ses enfants qu'est apparue son anxiété relationnelle, masquée par une vie sociale de surface. Le meilleur ami de Julien, c'est son téléphone portable, qui lui permet de ne pas être seul, mais aussi d'éviter les vrais contacts humains.

L'inhibé

Jacques a toujours été timide et inhibé. Il a maintenant trente-cinq ans. Il vit depuis deux ans avec Lucie et commence enfin à avoir des érections, ce qui ne lui était jamais arrivé lors de ses expériences antérieures. Le mérite en revient aussi à Lucie, quadragénaire compréhensive et de bonne composition qui accepte volontiers les jeux amoureux sans exiger la pénétration, laquelle a eu lieu presque par hasard.

Le problème d'érection de Jacques n'est que la partie visible de l'iceberg. Né dans une famille aisée, il a grandi avec sa mère et sa tante, car son père est mort à la suite d'un accident du travail. Il se rappelle ses longs jeux solitaires dans la villa qui comportait un grand jardin. Il se rappelle aussi très bien de sa première journée d'école qui l'a véritablement traumatisé et qui a marqué le début d'une phobie sociale dont il n'arrive pas à se débarrasser.

À l'adolescence, lorsqu'il rencontrait une fille, il s'agrippait immédiatement à elle comme un petit chien perdu qui demande à être recueilli. Bien évidemment, les filles qui préféraient les « garçons-chien loup », le laissaient vite tomber.

Jusque-là, l'activité sexuelle de Jacques s'était limitée à une masturbation fréquente, à laquelle il se livrait en pensant à des filles rencontrées dans le tram. Peu à peu, sous l'influence de revues porno, ses fantasmes se sont orientés vers des pratiques plus masochistes. Un jour, il a décidé de faire l'expérience du sexe payant et il a demandé à la prostituée de l'attacher et de le fouetter. Mais il a été déçu et s'est dit que ce n'était pas là sa véritable nature.

En réalité, Jacques souffre du problème inverse : il est incapable de s'affirmer résolument par suite d'un manque d'estime de soi. Il confond agressivité constructrice et sadisme, et finit par les réprimer tous les deux pour se réfugier dans une inhibition passive. Le problème d'érection, pour lequel il vient consulter, en découle en droite ligne, parce que l'anxiété qui le tenaille l'empêche de développer une agressivité virile et d'affirmation, que ce soit sur le plan sentimental ou professionnel.

Chercheur scientifique, il s'isole dans son laboratoire et a bien du mal à adresser la parole à ses collègues. Il ne pratique aucun sport. Et avant de rencontrer Lucie, il a vécu de rencontres sexuelles sporadiques plutôt ratées.

Une thérapie, de préférence avec un homme, pour le guider et favoriser son identification masculine, devrait l'aider à devenir plus agressif. Cela lui donnera aussi une meilleure image de lui-même en renforçant son identité virile et, du même coup, l'érection tant désirée.

COMMENT VIVRE MIEUX ?

Les anxieux, les timides et les peureux créent autour d'eux une atmosphère de tension. Il est néanmoins possible de les aider à surmonter leurs crises et à réagir plus sereinement. Voyons comment à travers ce décalogue de premier secours.

1. **Évitez les sujets anxiogènes.** Faites donc exactement le contraire de ce que font les médias qui, pour attirer l'attention de l'opinion publique, mettent l'accent sur ce que l'actualité a de plus dramatique et de plus inquiétant. Ce n'est pas pour rien que les thérapeutes conseillent à leurs patients de ne pas regarder le journal télévisé : pour un anxieux, évoquer un danger, c'est déjà le vivre un peu et commencer à en souffrir.

2. **N'évoquez pas vos soucis personnels.** Lors d'une partie de golf, un employé de Bourse avait parlé à un ami des turbulences récentes que rencontrait le marché financier. Il l'avait tellement affolé que celui-ci avait imaginé qu'il allait perdre tout son argent. Il a alors accéléré la fin de la partie pour aller appeler son banquier de toute urgence. Mieux vaut ne pas faire part de ses préoccupations à un anxieux : il en a déjà bien assez tout seul.

3. **Faites preuve de fiabilité.** Sachant que l'anxieux (un peu comme le paranoïaque) voit le danger partout : n'apportez surtout pas d'eau à son moulin. N'arrivez pas en retard, répondez à ses coups de téléphone et soyez précis dans vos réponses. Et abstenez-vous d'ironiser à propos de ses faiblesses et de ses petites manies !

4. **Évitez les surprises.** Rentrer à l'improviste, faire une blague ou, simplement, se montrer imprévisible peut provoquer une crise de panique, vu que le système d'alarme de l'anxieux se déclenche au moindre signal. Ainsi, une jeune femme qui avait mis un chemisier très transparent à l'occasion d'un repas en tête à tête avec son mari avait obtenu l'effet inverse de celui qu'elle escomptait : au lieu de trouver sa tenue excitante, il s'était demandé avec inquiétude s'il l'avait déçue la veille au soir pour qu'elle mette un habit aussi osé !

5. **Rassurez-les en leur montrant que leur opinion compte.** Cela est efficace avec les timides qui, peu sûrs

d'eux, n'osent pas s'exprimer ou s'autodévalorisent, en commençant toujours par : « Ça ne t'intéresse peut-être pas... » ou « Tu ne seras peut-être pas d'accord... ». Qu'il s'agisse de votre partenaire ou d'un collègue qui n'ose pas prendre la parole au cours d'une réunion, l'important est donc de le rassurer et de faire preuve d'intérêt pour ce qu'il dit. N'hésitez pas à répéter l'opération plusieurs fois, pour le convaincre que vous êtes sincères.

6. Suggérez la stratégie des petits pas. Lorsqu'il commence à paniquer, l'anxieux tend à généraliser et à voir tout en noir. Si vous voulez l'aider à réaliser un projet quelconque, proposez-lui la stratégie des petits pas : apprendre à faire face à un seul problème à la fois, sans tomber dans le piège du « je n'y arriverai jamais ». C'est tout particulièrement utile dans les rapports de travail, notamment pour éviter qu'un collègue ou collaborateur anxieux ne désorganise tout un bureau ou ne soit inutilement affolé par une mission qui n'a en réalité rien d'impossible.

7. Ne vous énervez pas. À la longue, les anxieux, les timides ou les personnalités hésitantes font perdre du temps aux autres et, surtout, créent autour d'eux une tension qui peut énerver même l'être le plus calme au monde.

8. Ne vous laissez pas prendre dans son jeu. Les anxieux essaient toujours de vous impliquer dans leurs stratégies de prévention des risques. Ainsi, ils peuvent influer sur vos vacances en vous empêchant de prendre l'avion ou en vous dissuadant d'aller aux Seychelles parce qu'il y a quinze ans de cela, il s'y est produit des troubles politiques. La même remarque vaut dans le monde professionnel : ne laissez pas un associé anxieux peser sur des projets en cours ou sur de nouvelles ouvertures.

9. Ne transformez pas un timide en cendrillon. Nombreux sont les timides et les personnes peu sûres d'elles qui feraient n'importe quoi pour se faire accepter. Si, par malheur, ils rencontrent un partenaire tyrannique ou bien un chef cynique ou opportuniste, ce sentiment d'infériorité risque de devenir chronique. Ils finissent par se convaincre qu'ils n'ont que ce qu'ils méritent et ils sont alors prêts à accepter – dans la souffrance – des injustices publiques ou privées [7].

10. Persuadez-les de consulter. Les anxieux et les grands timides peuvent bénéficier de différentes formes de psychothérapies qui offrent de remarquables possibilités d'amélioration et même de guérison. Leurs potentialités psychiques sont loin d'être épuisées, mais elles couvent sous la cendre en attendant d'être mieux exploitées. Et ceux qui souffrent d'attaques de panique peuvent sans nul doute suivre un traitement pharmacologique assorti d'une thérapie personnalisée. L'important, si vous vivez près d'une personne qui présente ce genre de difficultés, est de l'inciter à chercher le meilleur moyen de se soigner.

CHAPITRE V

Les déprimés

« Je suis mon propre ennemi. » Telle pourrait être la devise d'Isabelle : après avoir subi une énième réprimande à son travail, plutôt que de se mettre en colère ou de se défendre, elle a préféré s'apitoyer sur elle-même et porter le chapeau pour une erreur commise par l'ensemble de son bureau et, plus particulièrement, par son supérieur.

Ce n'est pas la première fois que cela se produit : elle a hérité de sa mère un pessimisme « naturel ». Quelle que soit la situation, elle n'en voit que l'aspect négatif, d'où une humeur sombre et un visage toujours triste. Pour elle, la bouteille est toujours à moitié vide : plutôt que de réagir, elle passe son temps à se plaindre de tout ce qui a pu lui arriver de tragique ou de simplement désagréable, voire de ce qui pourrait lui arriver.

Même le week-end, elle se sent « condamnée » à jouer au tennis ou à faire de la voile, alors que son mari ne l'oblige absolument pas à venir avec lui. Son problème, entre autres, c'est qu'elle a beaucoup de mal à appréhender la satisfaction.

En termes psychologiques, on dit qu'Isabelle présente la « triade dépressive » de Beck [1], laquelle comprend :

• *Une vision négative de soi :* « Je ne suis pas à la hauteur. »

• *Une vision négative du monde :* « La vie est dure et injuste. »

• *Une vision négative de l'avenir :* « Les choses finiront mal pour moi et pour ceux que j'aime. »

La dépression, dont le comportement d'Isabelle est une manifestation, comporte différents niveaux d'intensité, et doit avant toute chose être distinguée du *spleen*, que l'on peut définir comme une tendance à la mélancolie existentielle. *A priori*, le spleen n'est pas pathologique, et il est même bien souvent favorable à la création. Je pense, par exemple, au *René* de Chateaubriand, au *Cri* de Munch ou encore aux blues les plus poignants. Ce « mal du siècle », comme disaient les romantiques, incite à prêter sa voix à la douleur et à la tristesse, qui se transforment alors en œuvres d'art. Mais il ne faudrait pas croire que tous les dépressifs soient créateurs !

Combien y a-t-il vraiment de déprimés, et quel impact ce phénomène a-t-il ? D'après des données récentes de l'Organisation mondiale de la santé, environ trois cent cinquante millions de personnes seraient atteintes dans le monde. Et il semblerait que les femmes soient nettement plus touchées que les hommes.

Si la dépression s'étend, le besoin de s'informer grandit d'autant : il suffit de penser aux articles ou aux émissions que lui consacrent les médias. Les librairies, aussi, regorgent d'ouvrages de vulgarisation pour le grand public, qui voudrait non seulement comprendre ce qu'est ce mal, mais aussi essayer de s'en sortir.

Il est néanmoins difficile de déterminer le nombre exact des déprimés sur la planète, parce que, tout comme pour les anxieux, il y a un « noyau dur » constitué de ceux qui présentent une pathologie psychiatrique grave et invalidante (sur laquelle nous reviendrons plus loin) mais aussi une nébuleuse de dépressions masquées et d'états dépressifs « réactionnels » qui font suite à des événements extérieurs négatifs. Sans parler des personnes, malheureusement fort nombreuses, qui ne sont pas tant dépressives qu'insatisfaites et geignardes.

Nous n'allons pas ici traiter la question de la dépression en tant que telle, avec toutes ses complexités. Nous tâcherons seulement de voir dans quelle mesure ceux qui en souffrent peuvent influer sur leur environnement, famille, collègues ou amis. Car le pessimisme est, hélas, plus contagieux que l'optimisme. Et il faut bien dire que certains déprimés seraient capables de rendre malade l'être le plus souriant au monde.

Les visages de la dépression

La dépression n'a pas d'âge. Elle peut même apparaître dès la petite enfance. Des recherches effectuées récemment dans des orphelinats roumains ont confirmé les vieilles thèses du psychanalyste René Spitz [2], à savoir que l'enfant a besoin non seulement de nourriture matérielle, mais aussi de nourritures affectives. Et lorsque les sourires, les baisers, les caresses des adultes leur manquent, autrement dit, quand ils se retrouvent dans un orphelinat ou qu'ils grandissent au côté d'une mère déprimée, ils en souffrent gravement.

Plus tard, au cours de l'adolescence, la dépression peut s'exprimer indirectement, à travers des troubles du comportement, des difficultés scolaires, ou des malaises encore plus graves liés par exemple à l'alimentation (anorexie et boulimie). On sait aussi qu'à cette période, les tentatives de suicide sont particulièrement nombreuses [3].

Il faut donc distinguer les cas les plus graves, qui correspondent à un effondrement des défenses psychiques, d'autres formes dont le but est surtout démonstratif et qui sont la conséquence d'événements insupportables, comme une trahison amoureuse.

La dépression réactive

Un deuil soudain, un licenciement, une insatisfaction professionnelle ou la précarité financière, un problème juridique, une tromperie, l'attitude fortement conflictuelle de l'autre : les événements susceptibles de déclencher une dépression ne manquent malheureusement pas dans la vie.

Serge, vingt-cinq ans, le sait bien. Ses parents ont divorcé quand il était petit, et il a grandi principalement avec ses grands-parents. Il a établi une bonne relation avec eux, notamment avec son grand-père, un homme positif, gai, d'une grande culture, très sociable, qui a remplacé la figure absente du père. En effet, après la séparation, celui-ci s'est remarié et ne s'est plus guère intéressé à son fils.

À la mort subite de son grand-père, Serge a plongé dans un état de tristesse et de dépression bien compréhensible. Il n'est plus capable d'étudier, et n'a plus envie de sortir avec ses amis. Il se sent, tout à coup, privé de sa référence affective essentielle.

La dépression de Serge est « normale », et ce jeune homme doit maintenant essayer de faire face à sa douleur et de travailler son deuil. Il réussira peut-être à surmonter ce moment difficile sans recourir à un thérapeute et ne pourra, de toute façon, en ressortir que plus fort et plus mûr.

Que se passe-t-il, en revanche, quand une dépression réactive surgit au sein d'un couple ? Il devient alors difficile de savoir lequel des deux est le véritable déprimé.

Ainsi, Mélina, femme de quarante ans en apparence très énergique, vient consulter pour sauver son mariage après l'aveu que lui a fait son époux : Jean-Marc, quarante-deux ans, a un flirt avec une collègue de travail.

Dans ce couple, l'homme et la femme ont la même profession et une situation financière compliquée, dont ils sont tous deux responsables. Ils semblent prêts à commencer une thérapie conjugale, mais cette disponibilité de surface laisse néanmoins pointer des insatisfactions cachées.

Jean-Marc a toujours été extrêmement consciencieux et très respectable (c'est une sorte de « faux simple »). Il a essayé de sortir de ce qu'il appelle une crise existentielle, et qui est en réalité une dépression masquée, en s'accordant un flirt, une aventure sans lendemain, d'adolescent, ce qu'il ne s'était jamais permis.

Mélina qui, au cours des premières séances, paraissait forte et bien décidée à retrouver les valeurs de son couple, a maintenant des explosions de rage qui cèdent rapidement le pas au désespoir. Elle se sent seule, abandonnée, et ne parvient pas à comprendre le changement soudain de son mari, qu'elle ne reconnaît plus.

Mélina et Jean-Marc ont tous deux un caractère assez rigide, qui les empêche de percevoir la complexité de l'âme humaine. Ils se sont peu à peu construits, dans le but aussi de compenser leurs difficultés familiales respectives, une vie raisonnable et honnête. Mais voilà qu'à quarante ans, Mélina se trouve confrontée à une crise imprévue. Comme à la base, c'est une personne solide, je lui ai proposé de la suivre dans la gestion de cet événement.

Je ne suis pas encore en mesure d'émettre une hypothèse concernant l'avenir de ce couple, mais à ce stade, je me demande qui des deux est le vrai déprimé. Au début, ce semblait être Jean-Marc, qui a réagi à sa crise existentielle en se jetant dans l'illusion d'une aventure extraconjugale. Mais, aujourd'hui, Mélina est angoissée au point de menacer, lorsqu'elle fait des scènes, de se suicider.

Ces deux exemples, choisis parmi bien d'autres, se situent dans l'espace indistinct qui sépare la normalité de la maladie. La dépression est une manière de réagir aux difficultés et aux événements majeurs de la vie. Certains le font de façon agressive ou projective, en rejetant sur autrui la « faute » de ce qui leur arrive. En revanche, ceux qui souffrent de dépression chronique ou réactive ont fortement tendance à endosser toutes les responsabilités et à présenter une sorte de syndrome du « péché originel ». On peut dire, d'une certaine façon, que lorsqu'un déprimé commence à accuser les autres, il est en bonne voie...

La dépression névrotique

Les personnes qui souffrent de ce genre de dépression ont, par-delà les événements extérieurs et ponctuels qui peuvent les affecter, une sombre vision de l'existence. On pourrait dire que Sherlock Holmes en souffrait lui-même, vu sa capacité à chercher tout le temps le sens caché et négatif des choses.

Adèle, quadragénaire diplômée de l'université, dotée d'un bon travail, ne parvient pas non plus à se débarrasser de son pessimisme. Elle a épousé Thomas, un homme du même âge, certainement intelligent mais qui a mauvais caractère et a, de ce fait, fini par éloigner leurs amis et collègues.

Après avoir été licencié, Thomas n'a rien trouvé de mieux, pour se remonter le moral, que de séduire une secrétaire de son ancien bureau qui avait continué de l'idéaliser. Adèle s'en est aperçue et a réagi en lui faisant des scènes, qui n'ont fait que l'éloigner encore davantage d'elle. Comme dans nombre de conflits de couple, il s'en est suivi une alternance de disputes et de tentatives de réconciliation, que Thomas refusait sur le plan sexuel mais acceptait sur le plan pratique, bien content d'utiliser l'argent de sa femme pour régler ses dettes.

Quand les choses se sont gâtées, j'ai essayé de faire comprendre à Adèle que son mari la « vampirisait ». En bon égoïste, Thomas voulait une tanière (le foyer conjugal) et le soutien financier de sa femme, mais aussi l'amour de sa secrétaire. Je me suis efforcé d'expliquer à Adèle qu'elle était encore jeune et pouvait refaire sa vie. Et que, tout compte fait, le divorce serait pour elle un moyen de se libérer d'un boulet. Mais elle ne m'a pas écouté, optant pour les lamentations et l'enfermement chez elle, et donc pour l'apathie et la dépression.

La crise s'est alors aggravée. Thomas a trouvé un travail dans une autre ville, mais ne veut pas qu'elle vienne, sauf le week-end, peut-être pour pouvoir recevoir l'autre femme à son aise.

À mon sens, la situation tourne à la catastrophe pour Adèle, qui se retrouvera sans doute bientôt sans mari mais aussi sans travail, parce qu'elle a choisi la voie de la régression infantile : elle est tombée malade et menace de démissionner afin d'obliger Thomas à revenir s'occuper d'elle.

Selon les cas, la dépression névrotique peut prendre une forme plus ou moins grave. Le DSM-IV [4], manuel diagnostic des psychiatres américains, établit une distinction entre la « dysthymie », forme chronique de dépression qui dure au moins deux ans, et la « mélancolie », particulièrement invalidante. Les symptômes de cette dernière sont les suivants : humeur triste et mélancolique surtout le matin (pendant au moins deux semaines), troubles du sommeil et de l'appétit, crises de larmes subites, perte d'intérêt pour ses activités préférées (y compris le sexe), difficultés à prendre des décisions, sentiments d'inutilité et idées suicidaires.

Le trouble bipolaire

Il n'est pas dans notre intention de traiter ici en détail de la forme la plus grave de la dépression, également appelée « syndrome maniaco-dépressif », ou « trouble bipolaire ». Ceux qui en souffrent passent par des phases d'hyperactivité euphorique (au cours desquelles ils parlent trop vite et très fort, font des achats de façon compulsive et excessive, se lancent en même temps dans de nombreux projets qu'ils n'ont pas les moyens de mener à bien, deviennent impatients et agités) et, ensuite, des phases de léthargie paralysante et dégradante.

Il est extrêmement difficile de vivre près d'une personne qui présente ce trouble psychique. Carole en sait quelque chose, puisque sa vie est conditionnée par une mère maniaco-dépressive.

Régulièrement, la mère de cette jeune femme disparaît, part une semaine en cure, vend son appartement pour en acheter un autre, change de voiture, et offre ses bijoux. Carole s'efforce alors non seulement de ramener sa mère chez elle, mais aussi de régler tous les problèmes juridiques et bancaires qui ont surgi et auxquels celle-ci, une fois qu'elle sombre dans la phase suivante d'apathie mélancolique (pendant laquelle elle ne sort plus de son lit, pense que la fin du monde est proche et envisage sérieusement de se supprimer), ne peut, bien entendu, pas faire face.

Le trouble maniaco-dépressif est une véritable maladie psychiatrique; qui a une origine biologique et doit absolument être soignée à l'aide de médicaments (et en particulier de lithium).

Les dépressions masquées

On sait que de nombreuses maladies organiques sont étroitement liées à l'état psychique, soit parce qu'il s'agit de somatisations de malaises psychologiques, dans lesquelles le mal de vivre devient, par exemple, un « mal de tête » aigu et chronique, soit parce que, en dépit de leur origine physique, elles sont exploitées inconsciemment par le malade pour en tirer des avantages psychologiques. Ce qui explique qu'il y ait autant de troubles mystérieusement chroniques que de guérisons miraculeuses.

Prenons, par exemple, le cas de Jessica, une étudiante de vingt-deux ans qui, après avoir présenté pendant deux ans une cystite qui résistait à tous les traitements, nous a été envoyée en consultation par sa gynécologue.

Jessica raconte qu'elle a souffert d'énurésie diurne pendant cinq ans, et d'énurésie nocturne pendant dix ans, mais que ces fuites ont subitement cessé lorsqu'elle a déménagé. Elle a pu ensuite poursuivre normalement sa vie jusqu'à ce que, il y a deux ans, son ancien problème ne réapparaisse à l'occasion d'une simple cystite sans infection bactérienne apparente. Et depuis, le trouble s'est installé.

Autrement dit, le problème a peu à peu quitté le domaine médical pour s'installer dans sa vie sociale et affective. En effet, non seulement Jessica doit sortir de cours, à l'université, pour aller aux toilettes – et une proposition de week-end avec des amis est pour elle une source de gêne, mais elle risque également de compromettre sa vie sentimentale et sexuelle avec Martin, un jeune médecin de vingt-six ans.

Un soir, à la suite d'une dispute due au fait que, rentré tard après une garde, Martin s'était endormi sans lui avoir fait l'amour, Jessica a découvert le singulier pouvoir de représailles dont elle disposait : à chaque fois qu'elle se levait pour aller aux WC, elle s'arrangeait pour le réveiller ; à son retour, elle se rendormait aussitôt, alors que lui, furieux, restait à contempler le plafond.

Avec Jessica, nous nous sommes entendus sur une thérapie à base de gymnastique périnéale et d'exercices de relaxation et de respiration, afin de réduire l'angoisse qu'elle a concentrée dans la région génitale. Elle a également accepté de commencer une psychothérapie visant à rechercher les causes de son trouble. En effet, dans son cas, la cystite n'est pas seulement la traduction physique de l'anxiété, mais aussi la manifestation d'une dépression masquée. Comme beaucoup d'autres femmes, elle ne sait dire que « j'ai mal » pour « je suis mal ». Et elle fait remplir par un problème physique la fonction traditionnelle des larmes. Le projet thérapeutique spécifique de Jessica consistera à apprendre à pleurer – et à ne plus être « obligée » de faire pipi tout le temps...

Le vide affectif

Dans ce catalogue mélancolique des apathiques, pleurnichards ou déprimés, figurent aussi les personnes qui ont fortement besoin d'affection et portent en elles une tristesse inconsolée, un vide intérieur qui n'a jamais été comblé dans leur enfance. Elles présentent, bien visibles et encore douloureuses, les blessures de ceux qui n'ont pas été aimés.

Louise, âgée de vingt-huit ans, vient en consultation psychologique sur la recommandation de sa gynécologue. Elle souffre d'un état dépressif et d'un syndrome prémenstruel tel qu'elle ne peut aller à son travail pendant trois jours par mois. Elle a un ami de son âge qui est, avec elle, d'une patience presque excessive.

Au cours de son enfance, Louise s'est forgée la conviction qu'elle ne valait pas grand-chose, vu que sa famille a déménagé à plusieurs reprises sans même la prévenir et qu'elle s'est retrouvée ballottée d'un appartement à un autre sans savoir pourquoi. Ce sentiment de mépris s'est trouvé renforcé quand, à l'âge de neuf ans, elle a été sexuellement harcelée par son cousin maternel. Elle en a parlé à sa mère, laquelle, surprise et sans doute angoissée, a minimisé les choses. Il s'agit d'une femme qui a accepté bien des compromis avec un époux rigide et traditionnel, persuadé que puisqu'il travaillait et ramenait de l'argent à la maison, il avait le droit d'être servi et révéré.

Faisant preuve d'un courage rare, Louise a réussi, au bout de quelques mois de psychothérapie marqués par une amélioration de sa dépression, à faire venir ses parents à une séance. Et elle a essayé d'expliquer son malaise, sa déception, quand elle avait vu qu'ils ne prenaient pas sa défense après avoir appris son agression sexuelle.

Fidèle à son habitude, la mère s'est efforcée de jouer la médiatrice et de ménager la chèvre et le chou. Le père, nullement préoccupé par sa fille, s'est mis à vociférer, disant que Louise ne lui avait jamais créé que des problèmes. Et que, cette fois, elle se comportait sans aucun égard pour lui et ses crises de tachycardie !

Ce père, un « macho » latin traditionnel, trouve que sa fille est là pour s'occuper de lui. En revanche, il va nettement moins de soi qu'il doive la protéger et l'aider quand elle en a besoin. Doté d'une personnalité égocentrique, il est incapable de se mettre dans la peau des autres. Il ne peut donc pas comprendre la souffrance de Louise, ni l'aider à résoudre ses problèmes passés. Et Louise s'est sentie non seulement blessée par les violences subies, mais aussi frustrée par l'absence de reconnaissance de ses droits, y compris de la part de ses propres parents.

À l'inverse, la mère de Laura a toujours joué, dans le cercle familial, un rôle matriarcal. Le père, insaisissable, était tout le temps hors de chez lui, et elle se vengeait de ses absences en imposant à ses enfants une éducation autoritaire. Le plus jeune a cherché à fuir dans la drogue, et est malheureusement mort du Sida. Se substituant à sa mère, Laura s'est occupée de son frère avec amour et s'est injustement sentie coupable de sa maladie et de ses souffrances. Et elle a continué d'être l'esclave de sa mère. Bonne élève, elle a en revanche essuyé de gros revers dans le domaine sentimental, choisissant toujours des hommes qui ne lui convenaient pas, peut-être parce qu'en réalité (conformément à un accord tacite, dans la famille), elle devait rester à la disposition de sa mère. Quand celle-ci est tombée malade et est ensuite devenue paralysée, Laura a organisé ses études et son travail de façon à pouvoir s'occuper d'elle. Et même lorsqu'elle n'a plus été capable de parler, cette mère difficile réussissait encore, du regard, à culpabiliser et à dévaloriser sa fille.

Laura est ainsi persuadée qu'elle est mauvaise et qu'elle a une faute à expier. Elle a mis en place des mécanismes de sabotage, devenant boulimique et dépensant ce qu'elle gagnait à la roulette : elle résiste pendant un mois puis, au bout du rouleau, jette par la fenêtre, en un après-midi, tout ce qu'elle a mis de côté. Et elle est écrasée par son passé.

Seule une psychothérapie pourra lui permettre de reprendre confiance en elle et de faire de véritables projets pour l'avenir. Il faudra qu'elle éclaircisse, tout au moins en elle-même, sa relation avec cette mère égocentrique et culpabilisante qui, sans le vouloir, mais de façon tout à fait irresponsable, a sans doute poussé son fils sur la voie de la drogue et amené sa fille à douter profondément de ses capacités.

Les victimes des déprimés

Que se passe-t-il, dans un couple, si l'un des deux est déprimé ? C'est une situation difficile, parce que tous les aspects de la vie à deux s'en trouvent affectés : le quotidien, l'intimité et la sexualité. En général, le désir sexuel est ce qui disparaît en premier et qui revient en dernier.

Le partenaire « sain » commence par s'identifier à celui qui souffre, il veut assumer son mal de vivre. Puis apparaissent la colère, la frustration, un sentiment d'impuissance, de rébellion ou de faute, parce que le déprimé le met en position d'accusé : il constitue la preuve tangible, permanente, de son incapacité à rendre heureux ceux qui l'aiment.

La dépression a donc toujours une victime (le malade) et un otage (l'autre). Il y a celui que la douleur psychique empêche de vivre, de sentir, de regarder l'avenir, et celui qu'elle prive du droit à l'échange, au dialogue, à l'intimité. C'est pourquoi le partenaire sain éprouve tour à tour des désirs d'assistance et des désirs de fuite. Il se sent tout le temps remis en cause. Et risque d'être peu à peu contaminé par le mal.

Ce risque ne concerne d'ailleurs pas seulement le conjoint, mais aussi les autres parents du malade : son père, sa mère, ses frères et sœurs, ses enfants. Mitch et Susan Golant décrivent bien le danger que court l'entourage proche de glisser lui aussi dans la dépression [5]. Selon ces deux auteurs, en dépit de la grande diffusion du Prozac et des autres thérapies pharmacologiques et psychologiques, seuls 30 % des malades décident de se soigner.

L'essentiel consiste, en tout cas, comme nous allons le voir, à ne pas se laisser phagocyter par la personne qui va mal, parce que si l'on sait défendre son propre espace vital, on a une chance de pouvoir établir avec elle une relation plus positive qui permettra de l'aider véritablement. C'est ce que j'ai conseillé à Maryse, qui m'a demandé assistance dans une longue et triste lettre :

« Je vous écris pour vous demander conseil face à une situation de couple qui se dégrade de jour en jour. J'ai trente-deux ans, je suis mariée depuis sept ans (moment de la fameuse crise ?) et j'ai un fils. Mon mari a trente-sept ans, il mène une brillante carrière, mais il a toujours eu un caractère rigide et intransigeant.

« Nous avons vécu un grand amour, orageux et passionné, et nos premières années ensemble ont été merveilleuses. Nous habitions dans une autre ville, que nous avons quittée. Mon mari s'est adapté à son nouveau rôle professionnel, plus calme, dans lequel il a moins besoin de s'impliquer. Et depuis, il a changé.

« Ces derniers mois, il trouve tout négatif, inutile, décevant. D'après lui, notre amour n'est plus comme avant : il est tiède et ne le satisfait pas. Nous avons des rapports sexuels réguliers et sans problèmes, mais... je me retrouve à côté d'un autre homme, mécontent de tout (sauf de son fils).

« Je crois que mon mari est dépressif, mais je ne sais pas comment l'aider. Il est catégorique : il ne veut pas aller voir de spécialiste, ni prendre de médicaments. Pour lui qui a toujours été hyperactif et curieux, la vie semble désormais n'avoir plus d'éclat. Je n'arrête pas de lui répéter qu'il a beaucoup de chance, que c'est un bel homme, en bonne santé, qui a une famille et une femme qui l'aiment, un travail intéressant et prestigieux. Bref, une vie que beaucoup lui envieraient. Mais il s'obstine à me répondre : " Ça ne sert à rien, tout cela ne sert à rien... Je suis un raté. "

« Je n'en peux plus, je suis fatiguée de me battre contre des moulins à vent. Je l'aime, il est le seul homme que j'aie vraiment aimé (et les occasions ne m'ont pas manqué), mais que faire, maintenant ? Jour après jour, je dois supporter son apathie et son indécision. À l'entendre, nous n'avons plus d'avenir. Il est incapable de programmer quoi que ce soit, même des vacances, parce que, dit-il, " qui sait où nous serons alors "... »

La lettre de Maryse fait très bien ressortir la contamination qui risque de se produire quand un individu, sans raison manifeste, a perdu le goût de vivre. Le mari de cette femme traverse une dépression et, comme cela se produit bien souvent, il ne veut pas l'admettre, d'où son refus de s'aider lui-même. Le seul salut possible, pour ce couple, est pourtant bien d'aller consulter un psychothérapeute. Ce devrait être l'objectif de Maryse, même s'il faut pour cela qu'elle brusque un peu son époux pour y arriver.

En attendant, elle peut s'appuyer sur les sentiments qu'ils éprouvent l'un et l'autre pour leur fils, et sur le besoin qu'a celui-ci de son père pour avancer dans la vie. Autrement dit, Maryse doit essayer d'aider son mari à retrouver, à travers son rôle parental, la force et la virilité qu'il a perdues dans sa vie conjugale et professionnelle.

La dépression, nous l'avons dit, peut frapper à tout âge. Les femmes entre cinquante et soixante ans sont néanmoins particulièrement vulnérables. Elles peuvent présenter le syndrome du « nid vide » (ou, à l'inverse, du « nid trop plein » si les enfants sont encore là et qu'il faut aussi s'occuper de parents âgés et malades). La crise est d'autant plus vive que le mari, souvent un peu plus âgé, prend sa retraite dans cette même période. Privé du rôle qu'il jouait auparavant dans son entreprise, il cherche alors parfois à « réorganiser » la famille en dépossédant son épouse de ses anciennes prérogatives. Celle-ci peut alors finir par se sentir superflue ou incapable.

L'histoire de Line, qui a soixante ans, est encore plus compliquée. Son mari, Vincent, en a soixante-sept, et quoique retraité, il n'est jamais là. Il est médecin de famille, et tous ses patients l'apprécient énormément pour sa disponibilité. Sa salle d'attente est toujours pleine, et il est content d'être entouré de tous ces gens qui l'appellent à l'aide. Plus qu'à un médecin traditionnel, il fait penser à un missionnaire, avec sa tribu d'adorateurs.

Cette gratitude est en partie due au fait que Vincent exerce gratuitement. En effet, à soixante-cinq ans, il a quitté son unité de soins, et il ne savait que faire de ce temps libre qui lui est « tombé dessus ». Alors il a repris du service, sans se faire payer.

Je l'ai rencontré lors d'une émission télévisée où tous faisaient l'éloge de sa générosité et de sa bonté, mais en coulisse, sa femme m'a décrit tout autrement son « saint » de mari. À la maison, Vincent s'ennuie, il est déprimé et se console en discutant avec elle des malades qu'il a reçus dans la journée. Line voudrait parler d'autre chose, sortir avec lui (notamment aller au cinéma, ce qu'elle adore), mais rien n'y fait.

Autant il est présent dans son dispensaire, autant Vincent est psychologiquement absent de son domicile. L'intimité du foyer lui sert de tanière, il s'y repose et reprend des forces, mais il n'apporte aucune nourriture affective en contrepartie. Ses enfants s'en rendent bien compte : obligés d'accepter une image publique de père généreux, ils se heurtent, à la maison, à une réalité beaucoup plus avare.

Au fond, Vincent est une de ces personnes qui font de leur lieu de travail leur « chez-soi » et qui réduisent leur domicile à une tanière. Et si elles sont contraintes d'y rester, elles entrent en dépression, entraînant leur partenaire avec elles.

Pour sa part, Déborah m'écrit que par suite de sa méfiance chronique à l'égard des hommes, à vingt-huit ans, elle n'a connu que deux histoires d'amour, qui se sont toutes les deux mal terminées.

Le premier garçon l'a séduite grâce à une lettre merveilleuse, mais ensuite, une fois son but atteint, il l'a laissé tomber sans véritable raison. Au bout de trois mois, en dépit de la cuisante déception ressentie, elle a entamé une relation avec Ivan, un garçon gentil, tendre et affectueux.

Tout s'est bien passé pendant un an, même si en fait, Déborah était plus servante qu'amoureuse. Mais elle était prête à tout pour ne pas le perdre. Malheureusement, Ivan a subi deux gros revers coup sur coup : il a été licencié, puis il a appris qu'il était peut-être atteint d'un cancer. Depuis, il est apathique, irritable, ombrageux et ne la désire plus. Elle, extrêmement inquiète, ne peut plus ni manger ni dormir, et se demande s'il y a encore un espoir pour leur histoire.

Je pense que Déborah est en partie complice, mais qu'elle est surtout victime de la situation. Elle est complice dans la mesure où, en couple, elle ne parvient pas à trouver la bonne distance. Au début, elle est trop méfiante, puis elle tombe comme un fruit mûr, perdant tout sens critique au nom d'un hypothétique grand amour, dont elle n'a pas encore la preuve. Autrement dit, son insécurité et sa dépression latente la rendent trop dépendante de l'autre, alors que même la plus grande intimité offre des espaces d'autonomie.

Cette attitude l'a empêchée de rester critique face aux événements, au point de l'amener à penser qu'elle est au moins partiellement responsable de la crise de leur couple, alors qu'il est évident que c'est Ivan qui sombre dans la dépression. En effet, la perte de son travail et le risque d'être gravement malade ont sapé sa confiance en lui, et il s'est comme retiré dans sa coquille. Son irritabilité et sa froideur (y compris sexuelle) sont donc la conséquence de son état d'esprit, et non d'une faute commise par Déborah. C'est comme si ses fusibles avaient sauté, mais au lieu de demander de l'aide et d'établir une saine collaboration de couple, il se comporte comme un animal blessé.

Comment devrait réagir Déborah ? À l'inverse de ce qu'elle fait à l'heure actuelle. En effet, en ne mangeant et en ne dormant pas, elle se détruit la santé et devient moins attirante pour son compagnon, qui la désire déjà en pointillé. Il faut qu'elle reprenne des forces pour pouvoir lui offrir une aide énergique.

COMMENT VIVRE MIEUX ?

Si vous vivez à côté d'un déprimé, rappelez-vous que votre comportement à son égard est fondamental, parce qu'il peut influer fortement sur le processus de guérison. Il est vrai, toutefois, qu'adopter le comportement approprié relève de l'exploit : il est difficile de comprendre vraiment quelqu'un qui ne veut plus sortir de chez lui, lire un livre ni même faire ce qu'il a toujours fait. Voici donc ce que vous pouvez faire pour l'aider vraiment, et ce que vous ne devez pas faire.

À FAIRE

1. Offrez-lui une véritable compréhension, qui ne se limite pas à des discours formels. Même s'il « éloigne » et repousse les autres, le déprimé est terrorisé à l'idée de se retrouver seul, abandonné. Demandez-lui d'expliquer ce qu'il éprouve, et écoutez-le en faisant preuve de disponibilité. Mais posez aussi fermement des limites : ne vous transformez pas en « oreille » où épancher ses lamentations.

2. Combattez son pessimisme en lui montrant l'aspect positif des choses. Aidez-le, en somme, à voir sa situation sous un autre angle, en lui expliquant que la dépression est aussi symptomatique d'un besoin de changer.

3. Proposez-lui des projets, pour réveiller sa curiosité. Beaucoup de déprimés voient l'avenir en noir et se réfugient dans un passé idéalisé (« De mon temps... »). Plutôt que de le faire participer à des activités qu'il n'est pas en mesure d'assumer, essayez d'imaginer des activités inhabituelles, susceptibles de lui procurer du plaisir : des cours de yoga, de peinture ou d'expression corporelle, etc.

4. Aidez-le à voir les fautes des autres et à sortir de sa position de victime sacrificielle. Autrement dit, en termes psychologiques, aidez-le à amorcer une projection antidépressive.

5. Faites en sorte qu'il ne néglige pas les rituels de la vie quotidienne (prendre son petit déjeuner, soigner son habillement et son travail, dîner avec des amis). Vous éviterez ainsi qu'il ne s'isole dans les ténèbres de son malaise, et il lui sera plus facile de poursuivre sa route en attendant le retour du beau temps.

6. Rappelez-lui que son état est passager, et non une condamnation à tout jamais. Encouragez-le à rechercher une aide thérapeutique, parce que l'on peut guérir de la dépression.

À NE PAS FAIRE

1. Ne lui demandez pas un effort de volonté, car la dépression est justement une paralysie de la volonté. Et c'est cela qui fait souffrir, qui crée le malaise. Ne le poussez pas à sortir violemment de sa torpeur ; bien souvent, cette stratégie aggrave encore la situation. Des phrases comme, « N'y pense pas », « Fais un beau voyage » ou « Trouve-toi une occupation » servent davantage à se libérer de son propre sentiment d'impuissance face au déprimé qu'à l'aider véritablement.

2. Ne sous-évaluez pas le problème. Évitez les phrases comme : « Mais de quoi te plains-tu ? » ou bien « Pense à tous ceux qui vont plus mal que toi ». Et face à vos parents et amis, n'ayez pas honte : la dépression est une maladie.

3. Évitez la contamination, parce que les déprimés tendent à entraîner les autres dans leur pessimisme. Vous y perdriez non seulement votre joie de vivre, mais aussi votre capacité d'assistance.

CHAPITRE VI

Les traîtres

C'est inéluctable : dans la vie il nous arrive de trahir et d'être trahis. D'après la psychanalyste Phyllis Greenacre [1], l'aptitude à la duperie et à la déloyauté est aussi ancienne que l'établissement de relations entre les humains. Nous vivons donc des trahisons vénielles, aussitôt pardonnées, et d'autres irrémédiables : volte-face politiques ou professionnelles, amis qui se défilent, associés qui poussent à la faillite... Mais celles qui nous touchent sans doute le plus sont les trahisons d'ordre sentimental. Alors le monde peut se briser en mille morceaux.

Nous allons dans ce chapitre aborder les attentats au bonheur qui sont liés aux difficultés de la vie à deux, tant sexuelle qu'affective. De l'escapade épisodique à la trahison en série, des passions bouleversantes aux nouveaux triangles : c'est toute la gestion, peu aisée, des rapports sentimentaux et érotiques au fil de la vie.

L'escapade est-elle un luxe ?

Cécile a trente-huit ans et deux enfants qu'elle adore. À vingt ans, elle a épousé le premier et seul homme de sa vie.

Elle affirme l'aimer, ainsi que sa famille, et être satisfaite sexuellement, bien qu'il néglige les préliminaires et, surtout, qu'il ne la courtise plus. Elle m'écrit aujourd'hui pour me poser une question dont elle a déjà parlé avec deux amies. Au départ, elle n'avait aucune intention de leur révéler un problème aussi personnel, mais après une soirée au cinéma en leur compagnie, elle s'est laissée aller aux confidences.

Le film, *Entretiens privés* [2], de Liv Ullmann, l'actrice préférée de Bergman, raconte sur un ton dramatique tout « bergmanien » le dilemme d'une femme qui vit dans les années 1930. Ayant depuis un an une relation extraconjugale, elle décide, poussée par son oncle, pasteur protestant, de tout avouer à son mari. Il s'agit d'une autre époque, bien sûr, mais la scène des aveux où elle implore non pas le pardon de son mari, mais qu'il lui laisse vivre cette parenthèse marquant une nouvelle découverte de sa sensualité, est mémorable.

C'est ce film qui a poussé Cécile à se confier à ses amies. Depuis six mois, un habitué du bar où elle travaille lui fait la cour. Il est patient et plein d'attentions, et plus qu'une aventure sexuelle, il lui offre surtout sa tendresse. Elle ne sait si elle doit céder ou pas. Elle a toujours été fidèle à son mari, mais elle est quand même curieuse de savoir où en est son pouvoir de séduction.

Certaines personnes trompent par ennui ou colère, à la recherche de distractions ou de vengeance. Mais on trahit aussi par curiosité, pour éprouver l'excitation de la transgression ou pour apporter un complément de satisfaction à celle que procure l'union officielle. Et Cécile semble curieuse d'explorer une fois au moins ces nouveaux horizons.

Son amie Catherine l'encourage et lui raconte une de ses aventures, commencée un peu par jeu et qui a ensuite évolué en passion trouble. Mais elle ne négligeait pas son mari pour autant à cette époque, bien au contraire. Ainsi le soir, après un après-midi avec son amant, elle se sentait particulièrement bien disposée. La situation s'est détériorée quand l'amant est devenu jaloux et lui a demandé de divorcer. Catherine a alors tout avoué à son mari et lui a demandé d'intervenir pour freiner les prétentions de son amant. Ce qu'il a fait, acceptant volontiers de jouer au shérif. L'aventure s'est terminée au bout d'un an et demi et Catherine, passée maîtresse dans l'art de gérer ses sentiments et ceux des autres, encourage assez son amie à vivre une expérience de ce genre.

L'aventure d'Anne, son autre amie, est moins facile. En effet, elle est tombée amoureuse d'un ami qu'elle voit peu et en cachette. Et quand les deux familles se rencontrent, avec conjoints et enfants, elle se sent mal à l'aise vis-à-vis de l'autre femme. Pour elle, ce secret est si angoissant et culpabilisant que la souffrance prend le pas sur le plaisir. Elle n'arrive pas cependant à tout arrêter et cette aventure n'a plus rien d'un enrichissement affectif. Elle n'est plus qu'un risque.

Que peut-on suggérer à Cécile ? Comme il n'était pas facile de lui donner un conseil, je l'ai invitée à méditer sur ces trois points :

• *L'adultère est un luxe affectif que tout le monde ne peut se permettre.* Comme Catherine, il faudrait savoir bien gérer ses impulsions, sans se laisser dominer par elles.

• *S'agissant de choisir un amant, l'idéal est d'éviter l'entourage proche :* les amis de la famille, les voisins, les collègues de travail. Mieux vaut éviter à tout prix l'exemple d'Anne !

• *Il est préférable de ne jamais rien dire à ses amis (ou amies).* D'après moi, sur ce point, Cécile comme Catherine ont commis une erreur.

Un dernier conseil, qui concerne en fait les psychologues : ne jamais prescrire l'adultère comme remède aux frustrations. Pas question, donc, de « trahison thérapeutique » ! Mais face à l'aveu d'un adultère déjà commis, il ne faut pas dramatiser la situation et s'efforcer d'en valoriser les aspects positifs.

Les collectionneurs

Dans le vaste groupe des traîtres, les plus nombreux sont sans aucun doute les collectionneurs. Je le dis délibérément au masculin, car il me semble qu'aujourd'hui encore ce sont surtout les hommes qui souffrent de ce syndrome ! Du reste, c'est bien connu : il y a des natures fidèles et des âmes vagabondes. Et abstraction faite des cas où la polygamie est acceptée pour des raisons culturelles, il existe des hommes qui ne peuvent vivre sans un minimum de deux femmes. En voici quelques types.

• *Les compulsifs.* Ils sont incapables de « résister » à la tentation, et, chez eux, la deuxième rencontre suscite déjà l'ennui. Le plus célèbre d'entre eux est désormais Bill Clinton : un homme politique de qualité et sans doute bon président, mais dont les obsessions érotiques lui ont fait perdre de vue que l'opposition était aux aguets. Comparé à d'autres chefs d'État qui ont eu des amours extraconjugales, il s'en tire assez mal. Ses aventures ne semblent pas de vraies passions, mais des passades, qui ne suscitent après coup, chez les femmes concernées, que colère et soif de vengeance.

• *Les schizoïdes.* Ils séparent très clairement amour et affection. Ils ont souvent deux femmes, aux fonctions différentes mais complémentaires : l'une s'occupe d'eux, l'autre les épuise ; l'une les aide à mettre de l'argent de côté, et l'autre les aide à dépenser sans compter.

• *Les vrais collectionneurs.* Ils multiplient leurs proies dans le plus grand désordre en satisfaisant des besoins divers : – les montrer à leurs amis ou s'en servir de « couverture » pour cacher une homosexualité latente ; – les séduire pour, ensuite, au dernier moment, devant la porte de chambre, se défiler et les laisser déçues ; – les consommer sexuellement, en un rapport rapide et anonyme ; – accoster dans plusieurs ports accueillants et sûrs (c'est le « syndrome du marin »).

Pour tous, l'ennemi numéro un est l'intimité partagée. Gare, donc, si une ingénue croise un collectionneur sur son chemin ! Si elle ne se met pas à rêver de grand amour, tout va bien, sinon sa tranquillité risque fort d'en pâtir... Souvent, ce type d'hommes est facile à reconnaître, mais il y a toujours des femmes qui refusent de voir les signaux d'alarme et préfèrent se nourrir d'illusions !

Alexandra est de celles-là. À trente-huit ans, elle découvre que son mari Laurent mène une double vie. Il aime collectionner les femmes : maîtresses de longue date, aventures de passage, filles rencontrées au cours d'un voyage en avion et jamais revues.

Dans le passé, Alexandra avait déjà eu des soupçons, mais elle était loin d'imaginer que son mari en prenait à ce point à son aise, convaincue que son foyer restait pour lui un point fixe. Or, à l'occasion de leur dernière crise, il lui a avoué avoir eu des aventures avec certaines de ses meilleures amies. À quarante-trois ans, il se voit comme un adolescent angoissé et il est convaincu de ne pas pouvoir changer. Par ailleurs, il critique sa femme en lui reprochant d'avoir un caractère trop fort et de vouloir tout gérer : l'éducation des enfants, la maison, le budget du ménage, etc.

Pourquoi Laurent se comporte-t-il ainsi ? Son passé peut fournir une réponse. Cet ancien pilote de rallye à l'avenir très prometteur a eu, à vingt-cinq ans, un grave accident qui a mis fin à sa carrière. À mon sens, cette sorte de castration symbolique a accentué ses inquiétudes naturelles et l'oblige, comme la plupart des séducteurs, à vérifier sans cesse sa virilité.

Laurent est issu d'une famille modeste où il n'y avait pas de véritable communication, il devait mentir pour éviter les punitions de ses parents. Adulte, il a conservé deux principes. *Primo*, les mensonges sauvent la vie. *Secundo* : la famille est un enfer, et la belle vie ailleurs.

Le nouveau foyer qu'il a créé avec Alexandra a été pour lui une espèce de « béquille psychologique », qui l'a aidé après son accident. Mais il n'y a jamais vraiment investi son affection ou son énergie. Il s'est même toujours considéré comme un adolescent désireux d'explorer des territoires inconnus – principalement féminins.

Depuis quelques années, Laurent est chef mécanicien dans une écurie de voitures de course. Mais ça ne marche pas trop bien, et sa situation professionnelle est incertaine. Alors, au lieu de rentrer au bercail où son épouse Alexandra est prête à l'accueillir, il s'est lancé dans une nouvelle fuite en avant. Paradoxalement, c'est lui qui veut la séparation, convaincu d'être en mesure de repartir à zéro, à quarante-trois ans, même si sa situation professionnelle lui prouve le contraire.

Actuellement, la thérapie vise cependant à renforcer la confiance d'Alexandra, pour l'aider à se libérer de l'influence d'un homme qui l'a gratifiée, mais également beaucoup exploitée, et aussi trahie à plusieurs reprises.

Les collectionneurs adoptent parfois des attitudes provocatrices et effrontées, comme Julien, quarante et un ans, qui essaie de convaincre sa femme Marika qu'il « doit » avoir d'autres femmes, vu qu'elle ne connaît que l'orgasme clitoridien, et non vaginal, ce qu'il trouve monotone !

Julien est un vrai polygame polymorphe. Il a avoué récemment à son épouse qu'il avait eu un fils, aujourd'hui âgé de trois ans, avec une autre femme. Et maintenant, il veut partir avec sa secrétaire, laquelle est prête à s'occuper de cet enfant qui n'est pas le sien et même à l'adopter.

Sur le plan professionnel aussi, Julien est brouillon : il a plusieurs activités plus ou moins légales, de la vente de terrains à l'importation de meubles exotiques. Il n'a jamais eu d'emploi fixe et éprouve de grosses difficultés à établir des rapports autres que superficiels. Sa réponse à cette lacune est un méli-mélo affectif et professionnel. Julien est donc non seulement un collectionneur, mais aussi quelqu'un à qui on ne peut se fier !

Les nouveaux triangles

On reparle périodiquement des couples « libres », de ces partenaires qui s'accordent l'un l'autre une certaine liberté de mouvement, des transgressions « légalisées »... Le dernier sociologue à conseiller l'infidélité « programmée et programmable » est l'Anglais Kevin Leno [3], spécialiste du mariage, qui fait l'éloge des unions « ouvertes ». Ce serait, selon lui, le seul moyen pour les couples d'aller au-delà de l'hypocrisie de la promesse de fidélité réciproque, et de satisfaire les désirs réprimés, en remédiant par la même occasion aux manques et aux frustrations conjugales. Mais ce couple, « infidèle par choix », n'est-il pas lui aussi une utopie ?

Il existe, bien sûr, des relations compliquées, qui englobent d'éventuels amants ou amantes et qui, surtout lorsqu'elles durent, reposent sur des mécanismes inconscients de complicité. J'aimerai, toutefois, analyser ici un autre type de solutions sentimentales, où le partenaire n'est pas complice, mais victime plus ou moins ignorante ou consentante.

Lui, elle et les autres

Considérons le cas de Serge, soixante-six ans, rescapé de deux divorces. Voici ce qu'il m'écrit : « En dépit de mon âge et de mes mariages ratés, je me sens toujours jeune et enthousiaste, comme à vingt ans. Mon problème concerne ma relation actuelle. Il y a cinq ans, à l'occasion d'une fête, j'ai rencontré une jolie veuve de cinquante-sept ans. Nous avons commencé à nous fréquenter et nous faisons l'amour d'une manière vraiment bouleversante. Mais hélas, dès que l'été arrive, elle me dit que je ne suis qu'un ami, et qu'elle a besoin de " s'évader " avec d'autres hommes. J'ai choisi de rester dans ma tanière, à panser mes blessures. D'un côté je me demande si je devrais cesser de la voir, et de l'autre j'aimerais me défaire de mon côté possessif et jaloux ! »

Notre sympathique Serge a adopté une stratégie qui est, ou du moins a été, surtout féminine : rentrer dans sa coquille et souffrir tout seul. Autrefois, c'était surtout les femmes qui vivaient l'abandon ou la trahison de leur partenaire comme un événement inéluctable. Serge témoigne du changement des habitudes sentimentales : dans son cas, c'est la femme qui demande, et même qui exige, sa liberté sexuelle.

Toutefois, sa lettre ne révèle pas clairement la nature affective de cette relation, qui dure depuis cinq ans. Il faudrait savoir si en dehors du plan sexuel, le couple vit en bonne entente intellectuelle et affective. Pour lui qui a soixante-six ans, mettre un terme à cette histoire serait sans nul doute une grosse perte et le début d'une solitude insupportable, surtout après deux divorces. Il vaut mieux que Serge attende la fin de l'été et qu'il vive intensément les trois autres saisons !

À l'occasion de cette radiographie de l'infidélité, il ne faut pas oublier qu'il existe des trahisons « méchantes », donc commises « contre » l'autre, qui est puni et humilié dans un but de vengeance. Mais on doit aussi mentionner une autre sorte de trahison, celle qui a lieu à l'écart du partenaire, et qui est donc moins grave ; c'est une espèce d'extra-territorialité estivale. Je conseille toutefois à Serge, et à tous ceux qui vivent des situations de ce genre, de mieux définir les règles du jeu. Cet homme devrait essayer de comprendre si sa compagne a effectivement une forte sensualité, ou s'il s'agit plutôt d'une insatiable nymphomane. Dans le premier cas, il vaut mieux qu'il en tire du plaisir ; dans le second, qu'il la quitte sans tarder.

Cela n'est qu'une facette de la nouvelle géométrie des sentiments, dans laquelle le triangle classique peut cacher quelques surprises, comme nous allons le voir dans les cas suivants.

Lui, elle et son amie

Georges, dentiste réputé, a découvert que sa femme Frédérique avait une liaison. Son irritation s'est transformée en angoisse quand il a réalisé que son rival s'appelait... Françoise. Frédérique n'a pas voulu mettre fin à son aventure et a divorcé. Georges est resté longtemps seul, incapable de se remettre de la découverte d'un rival aussi insoupçonnable.

Elle, lui et les fantasmes gay

Après trois ans de mariage et la naissance d'une petite fille qui a maintenant un an, Élisabeth, trente ans, a découvert que son mari Jean-Luc, un pharmacien de son âge, a des tendances homosexuelles.

À dire vrai, cela n'a pas été une révélation soudaine. Élisabeth et Jean-Luc se connaissent depuis l'âge de vingt ans. Elle savait qu'il avait été victime d'une agression sexuelle lors de son adolescence, ce qui avait influencé son imaginaire érotique, sans toutefois l'orienter vers l'homosexualité. Ils se sont installés ensemble, mais Jean-Luc a eu une aventure gay qui a beaucoup blessé Élisabeth, au point qu'elle l'a quitté.

Ils se sont revus cinq ans plus tard. Elle avait perdu son travail, et était en pleine dépression. Il s'est manifesté pour l'aider et la protéger. C'est ainsi que leur histoire a repris. Ils se sont mariés et ont eu leur petite fille.

Récemment, cependant, après avoir vu un film traitant de l'homosexualité, Jean-Luc a été repris par « ses vieux démons ». Tous deux ont alors décidé de suivre une thérapie afin de sauver leur mariage. Pour l'instant, ils font chambre à part.

Jean-Luc voudrait continuer à faire l'amour avec sa femme, à condition qu'elle lui accorde la liberté d'avoir aussi des expériences homosexuelles. Élisabeth, elle, ne veut pas en entendre parler. Péchant par excès de transparence, son mari lui a également révélé certains de ses fantasmes homosexuels, et elle s'est bien entendu bloquée, comme si le troisième homme était réellement présent entre eux, et pas seulement dans l'imaginaire de son mari.

Jean-Luc a repris une psychanalyse personnelle pour mieux comprendre son identité profonde. Quant à Élisabeth, il lui faudra décider si elle peut ou non cohabiter avec les tendances de son mari.

Plusieurs femmes m'ont avoué que si elles devaient être trompées, elles préféreraient de loin avoir une rivale plutôt qu'un rival. En effet, elles sauraient alors quelle arme utiliser pour récupérer leur époux. Élisabeth pense la même chose, alors que seule une minorité de femmes semble vivre les expériences alternatives de leur conjoint comme un événement « extraterritorial », dont il ne faut pas faire trop grand cas.

Le « swinging » et autres comportements alternatifs

Il y a quelques années, en Californie, il m'a été donné de vivre une expérience surprenante. Un juriste connu et sa compagne, une gynécologue pleine de charme, m'ont invité à dîner avec mon épouse. Au café, nous ne sommes pas passés au salon mais dans une pièce contiguë, où ils se sont déshabillés et plongés dans une grande baignoire d'eau chaude, en nous invitant à les suivre. Ils nous ont ensuite expliqué qu'il s'agissait d'un prélude à un échange de partenaires pendant la nuit si, bien sûr, nous n'y voyions pas d'inconvénient. Je n'ajouterai qu'une chose : le café était excellent !

La ronde des partenaires

Il fut un temps où l'échangisme était presque une mode, comme en témoigne le beau film *The Ice storm* [4], dans lequel quelques couples blasés d'une province américaine riche et intello des années 1970 sont priés de laisser leurs clefs de voiture dans un grand saladier quand ils arrivent à une fête. À la fin de la soirée, les femmes « pêchent » une clef au hasard... et du même coup l'homme avec lequel elles vont passer la nuit.

À l'époque, aux États-Unis, l'échange de partenaires, dit « swinging », était si répandu que 3 % des couples américains affirmaient l'avoir essayé [5]. En réalité, cette pratique sexuelle était une façon puritaine d'exorciser l'adultère, secret et unilatéral, et une tentative de surveillance de l'autre.

C'est ce qu'illustre une autre histoire, survenue à Paris cette fois : un échange entre deux couples d'amis, l'un dans la chambre à coucher, l'autre dans le salon. Le lendemain, un des hommes se plaignit du fait que sa femme avait beaucoup plus crié de plaisir qu'avec lui : l'échange à but libératoire s'était transformé en une nouvelle forme de contrôle conjugal.

L'essentiel réside dans ceci : qu'il s'agisse d'échangisme ou d'expériences de sexe « extrême », tout est licite – ou presque – à condition que les deux partenaires soient consentants. Rien ne va plus, en revanche, quand l'un des deux (en général l'homme, aujourd'hui encore) veut introduire des comportements alternatifs et transgressifs et que l'autre ne le veut pas, s'y refuse ou le subit. C'est alors que naît l'impression de véritable et dure trahison, même si il n'y a pas réellement de rival (ou de rivale) et qu'il ne s'agit que d'un fantasme.

L'histoire de Vincent et Jeanne est encore plus compliquée : ces deux jeunes d'une trentaine d'années ont des désirs érotiques alternatifs mais non convergents. Jeanne a découvert une mallette d'accessoires sado-maso, mais elle a été déçue que Vincent préfère le rôle « maso » car, de son côté, elle fantasme d'être prise de force. En consultation, je me suis donc trouvé confronté à une embarrassante situation maso-maso.

Nous travaillons actuellement afin de comprendre lequel des deux serait le plus en mesure d'explorer les frissons de l'agressivité méchante. Vincent adorant pêcher, je lui ai donné comme « exercice » de réfléchir sur une métaphore : essayer de faire le requin agressif, et non le thon qui se défend avec passivité. Quant à Jeanne, elle médite sur la différence entre agressivité et sadisme, en tentant de faire la lumière sur une vieille histoire de famille avec une sœur qui avait fait d'elle son « esclave ». Espérons que ça marche !

Les amours mercenaires

Impitoyables, comme toujours, les journaux et la télévision ont surnommé « Lady Aids » la prostituée qui, bien que séropositive, a poursuivi son activité pendant deux ans. La nouvelle n'est pas si surprenante : à un certain niveau de dégradation et de désespoir, il est difficile d'être solidaire, en l'occurrence en informant ses partenaires et en exigeant qu'ils mettent un préservatif. Surtout lorsque l'on a quarante-cinq ans, une vie totalement ratée derrière soi, et un terrible besoin d'argent... Comme chacun sait, dans le milieu de la prostitution, se déclarer séropositif signifie se mettre en marge, car les clients payent justement un supplément pour avoir des rapports non protégés. Alors, inutile de se joindre au chœur des imprécations contre cette femme, d'ailleurs déjà condamnée. Parlons plutôt des clients angoissés (des milliers) qui ont téléphoné pour savoir s'ils avaient été contaminés...

À une époque telle que la nôtre, de liberté sexuelle complète, pourquoi les hommes continuent-ils à aller voir des prostituées ? Il existe différents cas de figure expliquant ce phénomène.

• *La nouvelle prostitution de haute volée* (dite aussi « narcissique »). Dans notre société de consommation, tout – ou presque – a un prix. Y compris le sexe, lequel est alors pratiqué par des professionnelles « de classe » qui ont quitté depuis longtemps la rue pour des appartements élégants et des clubs privés.

• *La nouvelle prostitution de travestis et transsexuels,* qui assouvit les besoins secrets et les « petits vices » impossibles à satisfaire dans le cadre conjugal. C'est une perversion très répandue et encore très peu analysée. Sur ce point, on peut rejoindre la sociologue Ida Magli [6], qui souligne que ces « créatures » sont recherchées parce que ce ne sont pas des femmes mais qu'elles en ont les signes-symboles : seins, fesses, jambes, le tout avec excès, en « faux » exagéré. Mais ce sont quand même des hommes. Et cette sociologue conclut que c'est désormais chez un autre homme qu'un homme peu sûr de lui recherche son reflet.

• *Le retour de la prostitution des rues* (dite aussi « masochiste ») avec, d'un côté, un nouveau marché « d'esclaves » d'Europe de l'Est, plus quelques Françaises désespérées, et de l'autre une clientèle « traditionnelle ».

Il faut voir dans la pratique du sexe mercenaire la manifestation la plus évidente d'un malaise masculin croissant face à l'univers féminin. Les femmes affirment leurs droits, leur soif d'égalité. Pour la première fois dans l'histoire, à tout âge, elles sont disponibles, quelle que soit leur classe sociale, dans le cadre ou en dehors du mariage. Et elles expriment explicitement leur désir sexuel. Résultat ? Paradoxalement, les hommes fuient.

Effrayés par une confrontation où ils ont perdu leurs anciens privilèges de « macho », ils renoncent au sexe pour d'autres passions (leur carrière ou le sport). À moins qu'ils ne reviennent à certaines expériences, pas forcément homosexuelles, entre hommes, désormais plus *soft* que les amazones ou les walkyries qui les entourent. Et si cela ne suffit pas, il reste justement la prostitution, qui offre l'avantage indéniable de l'anonymat et évite la confrontation en réduisant l'échange à un contact (et un contrat) sexuel hâtif.

Tout cela est un témoignage inquiétant du déclin de la virilité. La solution ne consiste certainement pas à rouvrir les maisons closes, même si une réglementation de la prostitution de rue s'impose désormais. Ce n'est que lorsqu'il retrouvera un meilleur équilibre entre sa tête, son ventre et son cœur, et surtout une meilleure synchronisation (ou harmonie) avec l'univers féminin, que l'homme pourra se passer de payer ses relations sexuelles.

Trans : trahir en changeant de sexe

Dans le vaste éventail des comportements sexuels et des désirs érotiques qui ne facilitent ni sa propre vie, ni celle des autres, le besoin de changer de sexe, y compris sur le plan anatomique, est un des plus difficiles à gérer, même si, désormais, la société le tolère de plus en plus. Je pense à ce journaliste du *New York Times* qui, à cinquante ans, a pris une identité féminine et s'est présenté à la rédaction habillé en femme. Outre qu'il a changé de vêtements et de sexe (il a subi une intervention chirurgicale), il a également modifié son prénom. Dans une lettre à ses collègues, il leur demandait de ne plus l'appeler Don, mais Donna [7].

Parfois, ce désir de changer de sexe doit être compris, replacé dans son contexte, voire évalué autrement et dédramatisé.

Ainsi Danièle, seize ans, arrive à son entretien psychologique le crâne quasiment rasé et habillée en voyou. Pendant six mois, elle a eu une relation avec une camarade de classe qui vient de la quitter parce qu'elle est tombée amoureuse d'un garçon. Danièle ne s'en remet pas et veut changer de sexe pour reconquérir son amie. C'est là une exigence anormale, à replacer dans le cadre d'une déception sentimentale typique de l'adolescence, où l'on est prêt à tout pour avoir l'objet de son désir. Toute-puissance de l'amour !

Ces modifications de l'identité personnelle, qui nécessitent d'abord une thérapie hormonale, puis des interventions chirurgicales, se pratiquent dans plusieurs pays, à condition que des conditions médicales et psychologiques précises soient réunies. L'intervention chirurgicale est licite si l'expertise médicale a exclu d'autres causes physiques ou des malformations et quand le rapport psychiatrique a identifié le syndrome du transsexualisme. En effet, le transsexuel se considère comme une « erreur de la nature », puisqu'il se retrouve avec un corps qui ne correspond pas au sexe auquel il a le sentiment d'appartenir. Une de mes patientes, Élise, m'a dit qu'elle avait toujours pensé avoir une âme masculine emprisonnée dans un corps de femme : elle ne se considérait donc pas comme homosexuelle.

Il n'est pas exclu que ce phénomène ait une origine biologique, remontant peut-être au tout début de la vie intra-utérine et aux premières semaines après la naissance. Dans l'attente de la confirmation de cette hypothèse, il convient de limiter les interventions chirurgicales sans prendre en compte les cas d'homosexualité qui ne s'acceptent pas et ceux qui s'accompagnent de manifestations psychotiques ou de comportements masochistes : une opération de ce genre ne servirait qu'à concrétiser un énième sabotage psychologique.

Bien entendu, il arrive que le désir, ou plus exactement le besoin, de changer de sexe se manifeste assez tard dans la vie, quand la personne concernée a déjà un lien affectif. Alors, l'autre se sent profondément trahi et déstabilisé.

Alexandre, quarante-deux ans, marié depuis six, a avoué assez tardivement ses vrais penchants. Il y a deux ans, sa femme, Emmanuelle, qui voulait un enfant depuis longtemps, a découvert des vêtements de femme cachés dans une armoire. Elle a alors compris pourquoi son mari « s'enfuyait » mystérieusement, une fois par mois, dans sa ville d'origine. Mais, aujourd'hui, le fait de se travestir ne suffit plus à Alexandre, lequel veut se faire opérer.

Comme ils éprouvent de l'affection l'un pour l'autre, ils ont décidé de rester ensemble, après une psychothérapie de courte durée. Pour l'instant, ils ont des rapports sexuels sporadiques, au cours desquels le mari imagine être la femme. Mais le véritable problème est celui d'Emmanuelle. C'est à elle de décider si elle veut changer de vie ou rester avec Alexandre en renonçant à une maternité tellement désirée.

COMMENT VIVRE MIEUX ?

Tout peut commencer par un soupçon, ou une révélation terrible et inattendue. Dans tous les cas, ça y est : vous avez appris la vérité : on vous trompe, on vous a trahi. Plusieurs scénarios sont alors possibles.

1. Vérifiez. Votre soupçon doit être confirmé. N'oubliez pas : il existe plusieurs indices de mensonge, y compris corporels (voix, mimique, gestes inhabituels). Et puis, regardez autour de vous : 80 % des trahisons sont commises à proximité, au bureau ou dans le quartier.

2. Prenez votre temps pour évaluer l'importance de l'événement. Ne réagissez pas à chaud. Mieux vaut essayer de comprendre les termes du problème : ce qu'il signifie et son importance pour votre partenaire et pour vous. Il faut que vous laissiez de côté ce qui s'est passé, du moins provisoirement, que vous marquiez une sorte d'arrêt pour réfléchir. Surtout si cette trahison a révélé un secret insoupçonnable (l'homosexualité de l'autre, par exemple).

3. Intimidez votre partenaire. Ne vous contentez pas de brandir l'éternelle menace : « La prochaine fois, tu prends la porte. » Le plus important est de poser une limite au-delà de laquelle vous n'êtes pas disposé à aller. Bien sûr, par souci de votre dignité mais aussi pour sauver votre peau, vos actes doivent être conformes à vos déclarations : vous pourrez ensuite rediscuter à armes égales.

4. Prenez des mesures de représailles. C'est le classique « un clou en chasse un autre ». Banal, mais efficace...

5. Regagnez de l'estime pour vous-même. Il faut s'accorder du temps à soi (plutôt qu'à celui ou celle qui a trahi), se gâter, se faire des cadeaux, réapprendre à s'aimer. Une trahison est une blessure ; il faut donc savoir se soigner.

6. Aidez l'autre à comprendre son besoin de trahir. Malheureusement, bien souvent, il ne s'agit pas d'une aventure pardonnable, signe d'une éventuelle crise à décoder, ou d'un vagabondage érotique, pour vérifier sa virilité quand on atteint un certain âge. Il s'agit fréquemment de trahisons plus graves et plus profondes. On ne peut simplement « pardonner » à un homme qui a des relations sexuelles avec des travestis qu'il paye ou qui se travestit en femme : le malaise manifesté est trop profond. Il vaut mieux alors en parler avec une tierce personne, de préférence un psychothérapeute, si on veut comprendre ce que cela signifie pour son couple.

CHAPITRE VII

Les perdants

Le perdant chronique, qui se saborde lui-même, est celui qui a l'air de gâcher volontairement son existence alors qu'il pourrait faire autrement. Cela ne se fait pas en une fois, à cause d'une erreur unique ou d'un obstacle qu'il n'a pas su surmonter, mais à travers une série de comportements qui apparaissent dès l'adolescence et perturbent différents domaines de la vie : le travail, les rapports sociaux et les relations sentimentales.

Comme l'ont montré François Lelord et Christophe André [1], ce peut être le cas d'un étudiant qui arrive en retard à un examen qu'il avait longuement préparé et qu'il ne peut plus passer ; d'une femme qui choisit des partenaires brutaux auxquels elle finit par se sacrifier ; d'un professionnel qui demeure, y compris sur le plan financier, en deçà de ce que pourraient lui permettre ses compétences réelles ; ou encore, d'un individu en mauvaise santé qui évite de consulter un médecin jusqu'au jour où ce renvoi perpétuel a de graves conséquences sur son état : il s'agit là d'un comportement non seulement évitant, mais aussi saboteur.

La personnalité perdante n'a cependant pas été répertoriée dans le DSM-IV. Pour les spécialistes de l'esprit, elle est seulement la conséquence d'autres troubles que l'on rencontre chez des sujets déprimés, phobiques, passifs-agressifs, etc. C'est pourquoi on tend à parler de « comportements » perdants plutôt que de personnalités perdantes. Il est vrai que bien souvent, les individus pris au piège de rapports nocifs et sans issue, sentimentalement soumis ou maltraités professionnellement, sont complices de leurs bourreaux, qu'il s'agisse de leur mari ou de leur chef de service. Mais il ne faut pas exagérer non plus et rejeter toute la responsabilité sur les victimes en abusant du diagnostic de personnalité masochiste !

Le rapport maître-esclave est, en soi, ambigu et tourmenté. Rien de surprenant à ce qu'il ait été analysé en profondeur dans quelques films célèbres, parmi lesquels *Portier de nuit* [2]. L'histoire se déroule en 1957 à Vienne. Un portier de nuit, interprété par Dirk Bogarde, cache un passé de tortionnaire nazi. Il retrouve par hasard Charlotte Rampling, juive rescapée des camps de la mort avec laquelle il a eu une relation sadomasochiste. Et leur relation reprend... Dans le film *Death and the maiden* [3], en revanche, Sigourney Weaver est une ancienne prisonnière politique, victime des sévices et des tortures perpétrés par une dictature militaire sud-américaine, qui retrouve par hasard son bourreau et choisit la voie de la violence.

L'ambiguïté du rapport bourreau-victime se retrouve aussi dans la stratégie de défense de bien des délinquants, et en particulier de ceux qui ont commis des délits sexuels. D'après le Dr Jaffe [4], beaucoup de criminels essaient de se justifier en se présentant comme les victimes d'injustices plus ou moins réelles dans leur passé.

Quand on parle de perdants, on court le risque de tomber dans le piège de la vision simpliste, à l'américaine, selon laquelle les êtres humains se divisent en *winners* et en *losers*. Dans cette optique, seuls les premiers ont raison dans ce monde concurrentiel, et ne pas en être devient une faiblesse fatale. Ce principe demande à être relativisé : qui ne connaît un ancien camarade de classe des plus studieux, premier dans toutes les matières, gagnant à l'école, mais qui n'a pas réussi aussi bien sa vie d'adulte ? À l'inverse, certaines personnes secouées à l'adolescence par des tempêtes émotionnelles, mais dotées d'une angoisse créative, parviennent par la suite à passer du rôle de perdant à celui de gagnant.

Pour ma part, en tant que psychanalyste, je me dois de défendre la complexité de l'être humain. On peut très bien perdre une bataille et remporter une guerre ; dans le domaine militaire, d'ailleurs, il existe des défaites tactiques qui, à long terme, permettent de vaincre l'ennemi. Et il est au contraire des victoires si chèrement payées sur le plan de la santé ou du bien-être personnel que ce sont en réalité des défaites.

Cette division simpliste entre gagnants et perdants existe aussi dans notre société, puisque depuis des siècles, c'est l'homme qui joue le rôle de gagnant. Il est le héros, le protagoniste absolu, par opposition au rôle de perdante sacrificielle tenu par la femme. Ainsi, dans l'*Odyssée*, le récit est centré autour d'Ulysse, de ses périples et de ses aventures loin d'Itaque, tandis que Pénélope est un personnage soumis et confiné dans l'attente (même si certains disent qu'au final, c'est elle la vraie gagnante, justement parce qu'elle a su attendre). L'univers de l'épopée nous offre le personnage d'Achille. Au cours de ses nombreux combats, il affronte Penthésilée, la reine des Amazones, et finit par la tuer. Et c'est à ce moment-là, seulement, qu'il éprouve pour elle des sentiments de pitié et qu'il lui rend les honneurs des armes et de la sépulture. Autrement dit, c'est celle qui n'est plus là qui l'emporte !

Un autre mythe connu est celui de la femelle du pélican (symbole, dans le monde chrétien, de dévouement maternel) qui, d'après la légende, se déchire les flancs et ramène ses petits à la vie en les nourrissant de son sang. Elle obéit à la pulsion oblative, typiquement féminine : des femmes se sacrifient pour que la vie continue.

L'art lyrique, aussi, nous propose avec la *Madame Butterfly* de Puccini un personnage de perdante sympathique, émouvante, victime désignée d'avance de séducteurs égocentriques et cyniques, comme Pinkerton. Ils sont prêts à vampiriser les énergies des autres pour satisfaire une envie passagère.

En fait, plus que perdante, Mme Butterfly est malchanceuse. Pour survivre, cette fille de nobles japonais ruinés est contrainte à se faire geisha. Conformément aux us et coutumes locaux, elle est offerte en mariage à Pinkerton, un officier américain dont le navire fait escale pendant quelques semaines à Nagasaki. Charmé par cette adolescente douce, belle, et aux sentiments empreints de pureté, Pinkerton la prend pour épouse en profitant d'une réalité culturelle qui lui permettra de l'abandonner ultérieurement en obtenant du même coup le divorce. Mme Butterfly tombe amoureuse de lui, et en même temps de l'illusion de pouvoir sortir de son rôle de geisha et de redevenir une femme convenable. Et cette illusion, nourrie de bons sentiments, la rend à la fois sympathique et attirante. C'est l'espoir d'un grand amour qui lui permet d'attendre le retour du navire, en dépit de tous les signaux négatifs perceptibles. L'officier ne l'a pas oubliée, mais pour lui, cette histoire était sans importance, et entre-temps, il a épousé une Américaine qui l'accompagne lors de son voyage de retour à Nagasaki. La seconde partie de l'opéra raconte de façon touchante comment Mme Butterfly s'efforce à tout prix de préserver son rêve d'amour, jusqu'au moment où elle se rend compte qu'il est revenu, certes, mais marié à une autre. Elle passe alors de l'illusion à la désillusion, et à l'idée que la vie ne vaut pas la peine d'être vécue.

Mme Butterfly me fait penser aux gens qui viennent consulter parce qu'ils n'ont pas réussi à gérer la fin d'un grand amour. Comme l'a bien expliqué Freud [5], le deuil implique la possibilité de retrouver l'énergie que l'on a « investi » dans l'objet d'amour devenu inaccessible. L'être amoureux a vécu un processus de fusion entre ses pulsions et celui ou celle qu'il aimait. Et en perdant l'autre, il perd également les énergies déposées en lui. Le mécanisme que Mme Butterfly doit mettre en œuvre est exactement l'inverse, c'est-à-dire une « dé-fusion », afin de se réapproprier ses énergies. N'y parvenant pas, elle en vient à penser qu'elle n'existe plus, qu'elle a investi toutes ses énergies vitales dans son amour pour Pinkerton. Désormais, la seule solution qui s'offre à elle est de se détruire, y compris physiquement (en se faisant hara-kiri), puisqu'elle n'a plus ni âme ni cœur. Avant de commettre cet acte de perdante absolue, elle accomplit cependant un autre geste qui la rachète en partie : en véritable « pélican », elle confie à la nouvelle épouse son fils âgé de trois ans, fruit de son union avec Pinkerton, convaincue qu'il recevra une meilleure éducation aux États-Unis.

À première vue, Mme Butterfly a tout d'une perdante, car elle a cru aux illusions qui peuplaient son monde intérieur en déformant en même temps la réalité extérieure. Mais son obstination à croire dans l'issue positive de son amour, et la pureté de ses sentiments, à l'opposé de la mesquinerie de petits profiteurs comme l'intermédiaire Goro ou l'hédoniste Pinkerton, inspirent l'admiration et l'émotion. Dans une perspective élargie, le personnage de Mme Butterfly apparaît donc gagnant, contrairement à celui de Pinkerton, qui suscite des sentiments mitigés. Pour finir, nous gardons d'elle une tout autre image que celle des beaux papillons (car *butterfly* signifie « papillon ») qui, après avoir été capturés, sont transpercés d'une pointe et exposés dans une vitrine pour être observés et conservés à jamais.

L'ambiguïté des vrais et des faux perdants

La vie nous confirme l'ambiguïté des rôles de perdant et de gagnant. Il suffit de penser au jeu des trois cartes, où au début, l'habile manipulateur fait semblant de perdre pour attirer le « pigeon » dans ses filets tant qu'il n'aura pas misé davantage. Et le même genre de ruse se pratique au poker. Ou encore à la guerre, lors de batailles apparemment de second ordre au cours desquelles le faux perdant fait tomber sa proie dans un piège mortel.

Bien évidemment, cette ambiguïté existe entre les personnes, dans des relations que j'ai eu l'occasion, dans d'autres essais, de décrire du point de vue clinique : de celle de l'homme impuissant qui contraint son épouse à renoncer à ses désirs légitimes et transforme donc son impuissance en puissance, jusqu'à celle des personnes tyranniques, capricieuses et pleurnichardes qui, à travers une maladie réelle ou imaginaire, rendent la vie impossible à leur conjoint.

Autant d'individus qui, perdants d'une certaine façon, prennent grâce à ces mécanismes une revanche au moins partielle.

À cet égard, l'analyse du remariage constitue une loupe excellente pour mieux comprendre l'équivoque du concept de perdant.

Avant le remariage : la séparation était-elle vraiment une défaite ?

Ce n'est plus l'amour pour toujours, mais c'est quand même de l'amour : c'est ce que semblent dire les personnes qui, à la suite d'une séparation, réussissent à éviter les écueils de la passion-fusion et à réorganiser leur vie selon de nouveaux critères. Il n'est pas du tout facile de recommencer, de retrouver la force de tomber de nouveau amoureux. Car le divorce, même s'il a été compris, accepté et géré de façon rationnelle, se situe très haut sur l'échelle des événements qui provoquent du stress. Il ne reste, au-dessus, que la mort d'un être cher. Mais il arrive que le nouveau lien établi, qu'il soit consacré ou non par le mariage, prenne une importance particulière après la rupture du premier.

D'ailleurs, il y a un siècle de cela, la formule « s'aimer pour la vie » renvoyait à une période de coexistence qui durait rarement plus de vingt ans, puisque l'on mourait, en moyenne, à cinquante ans. Aujourd'hui, la durée potentielle de la vie à deux a plus que doublé, et pour garantir la longévité du mariage, il faut redéfinir périodiquement les règles du couple.

Au bout de dix années de cohabitation, la moitié des couples sont ensemble pour des raisons différentes de leurs motivations initiales. Que se passe-t-il donc ? Les couples dynamiques et flexibles modifient et adaptent progressivement leur style de vie, tandis que d'autres, plus rigides, restent ensemble par habitude, par obligation ou par résignation. Et d'autres encore (plus de 30 %) évoluent vers le divorce.

Selon la sociologue Irène Théry [6], la fin du premier mariage peut suivre deux modalités bien précises. Dans le premier cas, les intéressés constatent que leur expérience matrimoniale est arrivée à son terminus : il n'y a plus de communication et le quotidien est devenu une routine grisâtre, émaillée de conflits insolubles. S'ils arrivent à se séparer à ce stade et sans trop de complications matérielles, ils auront plus de chances de pouvoir vivre une seconde histoire affective « de qualité ».

Le second cas, lui, pourrait s'intituler la « fin de l'illusion ». Il se produit lorsque le premier mariage, fondé sur la passion, a été marqué par une évaluation erronée de la relation nouée et est vu comme une erreur de jeunesse. C'était plus fréquent du temps de nos grands-parents, lorsque la sexualité pré-conjugale était taboue et que la passion physique amenait à faire le « pas fatal » avant que l'intimité affective ne soit affermie. De nos jours, c'est plutôt l'inverse : les couples retardent le moment du mariage et de la naissance du premier enfant afin d'éviter de faire ainsi fausse route. Ils veulent se trouver dans les conditions optimales pour pouvoir réaliser un projet de longue durée. Et ceux qui se marient sans attendre, même par amour, courent davantage de risques.

Et après la séparation ? Là encore, il existe deux scénarios possibles. Le premier est celui des personnes qui restent à jamais victimes de leur névrose et multiplient les sabotages sentimentaux. Il est fréquent que le premier mariage ait servi à compenser une mère absente, un père exagérément sévère, etc. : si le poids du passé demeure trop oppressant, les liens ultérieurs serviront eux aussi, à leur tour, à combler un vide affectif qui remonte à l'enfance.

En revanche, le second scénario se tisse autour de personnes plus heureuses. Elles ne sont pas névrotiques, mais « maladroites », et dans leur cas, la première histoire d'amour a pour fonction, ainsi que l'a dit Freud, de résoudre définitivement la névrose infantile : le lien suivant naîtra, de ce fait, dans un environnement libéré du passé, et il permet donc de mieux évaluer la réalité de l'amour aujourd'hui.

Il ne faut cependant pas oublier que sur le plan social, hélas, hommes et femmes ne sont pas à égalité. D'après Claude Martin [7], qui a écrit un livre sur l'« après-divorce », les femmes de cinquante ans sont désavantagées, tout comme celles de quarante ans avec deux enfants à charge, qui ont 15 % de chances en moins de se remarier que les femmes du même âge sans enfant.

Les types de perdants

On peut distinguer différents types de perdants : les perdants volontaires et involontaires, les « altruistes », ceux qui coulent leur navire, et les perdants en couple.

Perdants volontaires et involontaires

Pour mieux expliquer la différence entre la malchance et le sabotage, j'ai choisi deux cas cliniques : celui de Mona, perdante involontaire à la solde d'une famille tyrannique, et celui de Laurence, qui se sent vide intérieurement et qui commet à répétition des actes de sabotage sentimental.

Mona, dix-huit ans, est enceinte de trois mois. Ses parents la poussent à pratiquer une IVG, mais elle hésite. Avant tout parce qu'elle vit un grand amour romantique avec son petit ami et qu'elle se sent prête à affronter avec lui le passage imprévu du statut de jeune couple à celui de famille. Certes, elle est tombée enceinte par accident, par suite de la rupture d'un préservatif. Mais, Jules, son ami, est d'accord pour garder le bébé, et ses parents sont disposés à les aider s'il le faut.

Les parents de Mona, eux, ne voient pas les choses du même œil. Rigides et excessivement sévères, ils ne pensent qu'au scandale potentiel. Sa mère, soulignant le fait qu'elle est malade du cœur, l'a même menacée : « Tu me feras mourir, si tu le gardes. Et en tout cas, si c'est ce que tu fais, tu prends la porte. »

C'est à ce moment-là que Mona est venue nous consulter en demandant de l'aide : à travers nous, elle veut dire à sa famille qu'il est trop tard, maintenant, pour interrompre sa grossesse. Cela fait des semaines, d'ailleurs, qu'elle essaie de repousser sa décision d'une façon ou d'une autre. Nul doute qu'elle fait une grossesse « de fuite », pour partir de chez elle.

En effet, Mona pense, à juste titre, que sa famille la pousse à avorter non pour la protéger, mais pour *se* protéger. C'est que chez elle, elle occupe une fonction importante, puisqu'elle est la baby-sitter à temps plein de sa petite sœur de huit ans. Autrement dit, on lui impose un rôle sans rapport avec ses désirs d'adolescente. Il est compréhensible qu'à travers son grand amour, le bébé à venir et le soutien d'une famille plus généreuse que la sienne, elle tente de s'en aller.

Plus que de l'aider dans son choix d'avorter ou non, il s'agira donc d'être près d'elle dans sa difficile communication avec ses parents. Mona a senti, avec raison, que cette grossesse l'aiderait à grandir. Et c'est la seule façon pour elle de sortir de sa voie toute tracée de perdante.

Si la situation dans laquelle se trouve Mona résulte des contraintes que lui impose sa famille, l'histoire de Laurence, belle jeune fille du sud, est bien différente. Le charme de cette femme masque une vie très désordonnée. Cette jeune femme a déjà subi une interruption de grossesse à seize ans et une deuxième à dix-huit. Il y a quelques semaines, nous l'avons revue, après une troisième IVG, afin de chercher ensemble la raison de ces événements dramatiques et répétés (elle a déjà été enceinte de deux hommes différents) et de l'instabilité de sa vie.

Nous découvrons ainsi que son dernier petit ami est un dealer. Un jour, Laurence s'est même retrouvée au milieu d'une fusillade : elle était en moto avec lui et a entendu les balles siffler à ses oreilles. Laurence est-elle donc la victime d'un délinquant ?

Il me semble plutôt que cette femme contribue, sur le mode de la complicité, à la précarité de sa situation sentimentale. Elle aime beaucoup séduire, même si ensuite, elle abandonne très vite ses partenaires, avec lesquels elle mène une existence un peu marginale, fumant des joints et vivant d'expédients. Elle rêve d'une famille unie, bien que sa mère (dont elle est très dépendante) ait eu quatre enfants de trois hommes différents. Heureusement pour elle, sa relation avec son beau-père est meilleure que celle qu'elle entretient avec son père, d'un tempérament violent.

Les grossesses de Laurence ont tout l'air de remplir un vide affectif, de même que ses histoires d'amour « jetables ». Malheureusement, cette série d'angoissants avortements ne prendra fin que lorsqu'il y aura dans sa vie davantage de chaleur humaine et de messages positifs. Au-delà de son appel à l'aide pour avorter, le rapport affectueux et durable qu'elle a établi avec le personnel des centres d'accueil familiaux est pour elle une première vérification du fait que les relations humaines peuvent être fondées sur de meilleures bases. C'est le premier pas vers la sortie d'une vie de perdante.

Les perdants altruistes

Certaines personnes n'ont pas acquis, dans leur histoire personnelle, le droit d'être heureuses. Pour parler en termes freudiens, elles se sentent castrées, vides. Il leur manque quelque chose d'« extérieur », l'équivalent métaphorique d'une virilité phallique, ou bien quelque chose d'« intérieur » qui leur manque. Quel que soit le type de castration symbolique dont elles souffrent, celle-ci les pousse à l'échec. En revanche, elles sont capables de faire avancer ceux qui les entourent.

Vous avez peut-être vu le film de Carlo Verdone *Sono pazzo di Iris Blond*[8] ? Ce petit musicien de cabaret rêve de « percer », mais il est trop timide et il manque de l'assurance nécessaire pour réussir seul. Alors il le fait par procuration, en déléguant le succès aux femmes dont il tombe amoureux et dont il construit la carrière.

C'est là une des très nombreuses formes de la timidité, laquelle peut se cacher derrière des attitudes diverses, de l'adolescent mal à l'aise dans son corps, gêné par ses boutons et qui rougit quand celle qu'il aime lui adresse la parole, au supérieur bourru qui masque derrière son pouvoir la peur d'exprimer ses véritables sentiments.

Chez l'homme, la timidité a toujours été considérée comme un défaut, un manque de force et de virilité. C'est en partie vrai, et beaucoup de ceux qui doutent d'eux-mêmes se sentent en fait coupables d'avoir en eux des instincts qu'ils jugent inacceptables. Ils ont mis un « couvercle » sur ceux de leurs fantasmes sexuels ou d'agressivité qu'ils estiment déplacés, inavouables et non gérables. En réalité, si le timide réussit, d'une façon quelconque, à sublimer ses tendances, il peut devenir intéressant, voire attirant.

Les femmes d'aujourd'hui ne veulent ni un macho ni un minet, et elles apprécient bien souvent l'ingénieuse créativité et la sensibilité des hommes tendres et malhabiles. La timidité n'est donc pas seulement une bouée de sauvetage pour des vilains petits canards, mais aussi une arme de séduction.

Charles est lui aussi un passif et un timide. On ne le croirait pas à l'entendre raconter son histoire, parce qu'il vit actuellement une période de bigamie. C'est un homme de quarante-deux ans, un peu enveloppé, infirmier, marié depuis plus de vingt ans et père de deux enfants. Depuis deux ans, il a une relation avec Rose, sa voisine, une célibataire de trente-huit ans qui n'a pas tardé à se retrouver enceinte et a donné naissance, il y a six mois, à une petite fille. Charles, incapable de choisir entre son épouse et sa maîtresse, est désespéré, et cette angoisse l'a amené à parler de suicide. Il espère que l'une des deux va le quitter, mais elles s'accrochent à lui, l'obligeant à mener une double vie contraire à sa nature.

Son épouse, Irène, est très compréhensive ; elle se sent même coupable de ne pas lui avoir donné de fille, mais « seulement » deux garçons. Elle est prête à lui pardonner, pourvu qu'il ne parte pas. Mais Rose, qui n'a pas voulu avorter parce que c'était pour elle sa dernière chance d'avoir un enfant, voudrait maintenant que Charles divorce et vienne vivre avec elle. Tout le monde, autour, est au courant de cette situation, y compris les voisisns de l'immeuble, qui ont pris partie les uns pour Irène, les autres pour Rose.

Charles, ayant souffert, dans sa jeunesse, d'un abandon suite au divorce de ses parents, est incapable de gérer une séparation. C'est pourquoi il attend, du dehors et des autres, y compris de son psychologue, qu'ils décident de ce qu'il doit faire. Mais nous devons résister au désir de l'influencer et d'exprimer notre point de vue. Notre tâche est de l'aider à définir des critères de choix.

Sa femme lui apporte une certaine sécurité et s'efforce actuellement d'établir un meilleur rapport de couple, notamment sur le plan sexuel. Sa maîtresse lui a donné la fille qu'il avait toujours voulue, et une sexualité plus intense. Pour l'heure, il ne sait que faire, et le plus grand risque est qu'il tente de se suicider pour fuir la responsabilité d'une décision aussi difficile. Par nature, il n'aurait jamais noué une relation extra-conjugale, mais il s'est fait en quelque sorte « mettre le grappin dessus » par sa voisine qui, en l'entraînant dans cette aventure, l'a utilisé pour avoir l'enfant qu'elle désirait et qui cherche désormais à se faire épouser.

En mon for intérieur, je pense que Charles n'est pas prêt à changer de vie, d'autant plus que cette crise a aidé sa femme à « se réveiller », tout au moins sur le plan sexuel. À titre provisoire, nous l'avons donc aidé à décider de ne pas décider. Mieux vaut, actuellement, qu'il ne s'enferme pas dans son rôle de perdant, en attendant de devenir un jour gagnant.

Des perdants qui coulent le navire

Ceux-là, il faut les éviter ! Car non seulement ils passent d'échec en échec, mais ils éprouvent aussi (contrairement au héros du film de Carlo Verdone) une sorte de malin plaisir à couler le navire à bord duquel ils se trouvent. Alors qu'ils n'ont rien de Samson, ils veulent mourir avec les Philistins, commettant une sorte de suicide kamikaze qui, d'une certaine façon, les fait vaincre ou qui fait, du moins, vaincre leur idéal.

Leurs pensées et leurs comportements se résument dans deux expressions populaires : « douleur partagée est mieux supportée » et « je t'avais bien dit que ça se terminerait comme ça ». Voyons de plus près comment cela se passe.

« DOULEUR PARTAGÉE EST MIEUX SUPPORTÉE »

C'est un syndrome typique de ceux qui ne supportent pas l'idée que les autres puissent réussir, parce que cela constituerait la preuve éclatante de leurs lacunes. Le mécanisme qui les met en action est souvent celui de l'envie, et leur tendance au sabordage sert à montrer que de toute façon, il n'y a pas le moindre espoir de succès. Ce comportement totalisant évite de reconnaître que l'on ne s'en serait pas sorti.

Dans certains cas, ce genre de perdants est particulièrement destructeur pour leur entourage. On peut penser, par exemple, aux femmes « involontairement » célibataires qui insistent auprès de leurs amies séparées depuis peu sur les difficultés de trouver un autre compagnon, et ce pour la seule raison qu'elles n'arrivent pas, elles, à sortir de leur solitude. Ou à ceux qui, peu satisfaits de leur situation professionnelle, ne se mettent pas pour autant à la recherche active d'un nouveau travail et n'incitent pas non plus les autres à le faire.

« JE T'AVAIS BIEN DIT QUE ÇA SE TERMINERAIT COMME ÇA »

Ce mode de pensée tend à exorciser un échec qui serait insupportable. Je me souviens que, quand j'allais voir des matchs de foot, un camarade passionné de ce sport affirmait systématiquement : « Je crois que nous allons perdre. » De la sorte, il s'ouvrait deux possibilités : soit l'équipe que nous soutenions gagnait, et il exultait en disant que par chance, il s'était trompé ; soit elle perdait, et il se consolait avec son sempiternel, « je te l'avais dit, je le savais ». Dans les deux cas, il contaminait son environnement en adoptant un comportement négatif pour protéger son narcissisme.

Une variante du « je te l'avais dit » est le virus du « découragement préventif ». Il sévit chez ceux qui, face à tout travail à effectuer ou à toute échéance à tenir, répètent : « Je n'y arriverai jamais. » Il s'agit d'un ressassement qui peut empoisonner un mariage ou une amitié. Ou qui, au travail, peut atteindre toute une équipe et nuire à la productivité d'un groupe entier.

Quelle que soit la modalité de cette « contamination négative », il importe, dans tous les secteurs, de mettre le doigt sur le perdant, qui risque de faire capoter tous les projets. Dans le cadre sportif, par exemple, au sein d'une équipe de relais ou de jeu collectif, le perdant peut avoir un effet toxique sur le moral du groupe. C'est tout aussi vrai dans l'armée.

Les perdants en couple

Ils agissent en couple, mais leur influence s'étend ensuite à toute la famille. Il suffit de penser à ces femmes qui perdent la tête pour des voyous et qui établissent avec eux des relations tumultueuses et ruineuses, ce qui peut satisfaire leurs besoins masochistes, mais a bien souvent des répercussions dramatiques sur leurs enfants, innocentes victimes de mariages instables.

Dans le cadre de mes activités professionnelles, j'ai souvent eu l'occasion de constater que dans les couples, les partenaires étaient souvent deux perdants. Pourtant, comme je l'ai écrit ailleurs [9], il serait fort utile, de déterminer les caractéristiques des couples de gagnants ! En effet, il se crée alors une spirale ascendante positive, où les deux partenaires unissent leurs énergies et leurs points forts. On peut ainsi comprendre la critique faite à l'encontre de Freud qui aurait établi sa théorie de la personnalité en se fondant uniquement sur les névrotiques et les malades.

Le modèle américain, lui, vise à permettre d'analyser les gagnants, voire de les imiter. Ainsi, les spécialistes de la psychologie d'entreprise étudient la personnalité et les stratégies des grands dirigeants, tout comme on s'efforce, chez les inventeurs ou les grands chirurgiens, de trouver le « plus » qui fait la différence. La même analyse mériterait d'être menée sur les couples, afin d'identifier les ingrédients qui rendent certains d'entre eux gagnants.

Le plus souvent, malheureusement, les partenaires sont deux perdants qui se sont choisis pour sauver leur peau et, plus fréquemment encore, pour couler ensemble. C'est ce que nous allons voir dans les deux histoires suivantes, qui montrent à quel point la dynamique de victimes et de complices peut être complexe.

Georges, quarante-deux ans, et Louise, trente-six ans, vivent depuis quinze ans chez la mère de Louise, parce que Georges n'a jamais voulu se lier de manière définitive. Dans le passé, ils ont souvent été en désaccord sur la question des enfants : ils ont néanmoins une fille, née il y a huit ans « par erreur », au terme d'une grossesse non programmée que Louise, contre l'avis de Georges, n'a pas voulu interrompre. Et voilà que la situation se reproduit : de nouveau, elle voudrait garder le bébé alors qu'il préférerait qu'elle avorte.

En réalité, dans ce couple, il semble que ce soit plutôt la mère de Louise qui décide. C'est pratiquement elle qui les entretient. Louise aimerait bien que son compagnon subvienne à leurs besoins, mais Georges, qui essaie de se faire connaître comme sculpteur, ne gagne pas grand-chose. Et pour son atelier aussi, il en est réduit à demander l'hospitalité à sa belle-mère.

Bref, chacun d'eux accorde la priorité à ses aspirations personnelles et se soucie assez peu des exigences de l'autre. Louise veut mener la grossesse à son terme : déjà, elle sent une vie nouvelle en son sein et parle à son petit. Et Georges, de son côté, se dit qu'un deuxième enfant ne ferait qu'accroître leurs responsabilités et leurs frais, alors qu'il voudrait se consacrer à son art.

Pendant leur consultation de couple, Louise et Georges ont un comportement très conflictuel, chacun tentant de convaincre l'autre du bien-fondé de son point de vue. L'homme se plaint du peu d'espace qui lui est laissé au sein de la famille tribale de sa concubine, alors qu'en fait, c'est lui qui n'en prend pas. Il ne veut pas jouer son rôle de père, et à l'heure actuelle, il est bien pratique pour lui d'avoir un logement sûr et d'être entretenu.

La suite de leur histoire risque fort d'être la suivante : Louise, soutenue par son clan, décidera de garder l'enfant et se séparera de Georges, que sa mère considère comme un bon à rien et un égoïste.

Dans le cadre d'une étude effectuée auprès de mille personnes qui demandaient une IVG [10], nous nous sommes rendu compte que le couple n'est pas toujours libre de décider et doit souvent être aidé à prendre du recul par les autres « acteurs » de cette décision, qui restent plus ou moins dans l'ombre. Il peut s'agir de la meilleure amie de la femme enceinte, d'un collègue, d'un parent ou, plus rarement, d'autorités morales ou sanitaires (la gynécologue ou un curé).

À ceux qui se trouvent dans la difficile situation d'avorter ou non, nous conseillons de tirer parti des semaines à leur disposition pour établir un dialogue, peut-être pas aisé, mais sincère, au sein de leur couple. Souvent, une crise qui paraît à première vue insoluble est l'occasion d'une véritable confrontation de points de vue, et une discussion franche peut permettre de surmonter de petits égoïsmes et de petites peurs personnelles. Car décider d'avoir un enfant, c'est nécessairement construire un projet positif pour l'avenir.

Le désir d'enfant reparaît aussi dans l'histoire de Jean-Luc et Hélène, âgés respectivement de quarante-deux et de trente-deux ans. Ils ne se supportent plus, mais ne parviennent pas non plus à se séparer. Le problème est surtout du côté de Jean-Luc, qui est un véritable perdant. C'est une personne soumise, qui souffre d'éjaculation précoce et a une image négative de sa virilité. Il vit le moindre conflit au travail comme une catastrophe. Et sur ce gros complexe d'infériorité s'est greffé un problème de stérilité. Il a hésité à passer les visites de contrôle et à suivre des traitements, car en dépit de ses quarante-deux ans, il ne se sent pas prêt pour la paternité. Ils ont même essayé par deux fois la fécondation *in vitro*, mais sans succès, ce qui a fortement déprimé Hélène, laquelle a mal pris ces échecs mais aussi la passivité de son mari.

Mariée à vingt-deux ans, cette femme semble assez équilibrée et prête depuis un bon moment à avoir des enfants. Alors, pourquoi reste-t-elle avec un tel *loser* ? Elle prétend que c'est pour des raisons religieuses (catholique, elle tient le mariage pour une union à vie). Pourtant, elle a déjà essayé une fois de quitter Jean-Luc, mais elle est ensuite revenue former ce couple symbiotique, qui offre bien peu d'espace à un enfant, surtout dans son imaginaire à lui.

Ce n'est que dans un deuxième temps qu'il est apparu que cette angoisse de la séparation conjugale masquait le traumatisme d'autres séparations. En effet, juste avant son sixième anniversaire et son entrée à l'école, Hélène a vécu avec ses grands-parents qui, peu après, sont tombés malades. Elle a mal supporté ces ruptures, ce qui explique qu'elle reste « scotchée » à un mari qui, de toute évidence, n'est pas à sa hauteur.

Le perdant en chacun de nous

Souvent, une partie de nous est « perdante » et sabote, à notre insu, des situations et des événements que nous aurions souhaités heureux. C'est ce qui se passe pour Iris, trente-huit ans, qui est le seul enfant d'une famille aisée.

Cette femme ne trouve pas d'homme qui veuille l'épouser, et après avoir essuyé son énième échec sentimental, elle se sent déprimée et inutile. Professionnellement, elle a bien réussi, mais pas sur l'essentiel, l'amour.

Avec ses partenaires potentiels, elle est plutôt exigeante. Il faut qu'elle puisse les estimer et les admirer. En outre, elle n'apprécie pas les rapports sexuels violents et à la va-vite. Les hommes, eux, disent qu'elle leur fait peur, parce qu'elle est trop assurée et trop indépendante.

En réalité, Iris manque de sécurité et elle est parfois triste, même si elle remplit sa solitude d'une foule d'amies et en menant une vie sociale intense. L'été dernier, elle a connu Léo, un quasi cinquantenaire en plein divorce. Après avoir vécu une belle histoire d'amour avec elle, il lui a dit qu'il n'avait pas encore « digéré » son divorce et qu'il préférait des aventures peu contraignantes à une nouvelle relation stable.

Comment se fait-il qu'Iris, qui est élégante et intelligente (et excellente cuisinière !), ne parvienne pas à trouver un prince charmant ? C'est qu'elle est prisonnière de son passé et paralysée par un père autoritaire et narcissique qui, à soixante-dix ans, la traite encore comme une petite fille. Elle se croit incapable d'avoir du succès, au moins sur le plan sentimental.

Côté professionnel, elle a suivi les traces de son père et est devenue directrice d'une grande entreprise d'ameublement. Frustré de ne pas avoir eu de fils, le père critique sans cesse sa fille. Et comme Iris n'a plus confiance en elle, il affiche une déception de plus en plus grande.

Enfermée dans ce cercle vicieux, Iris a traversé en alternance des périodes de colère et de grande séduction afin d'essayer de conquérir ce père narcissique et inaccessible. Et n'y parvenant pas, elle s'est mise à douter d'elle-même. Elle reste donc esclave de ce comportement et d'une insécurité rageuse, y compris à l'égard des hommes, qui ne sont que les « portemanteaux émotionnels » de ses espérances déçues vis-à-vis de son père.

Nombreuses sont les femmes qui, comme Iris, ont été des petites filles obéissantes dans des familles où seul le père tyrannique avait le droit d'avoir des désirs et de prendre des décisions. Aujourd'hui encore, son père joue le patriarche, refusant de baisser la garde et de déléguer. Il se sert de son argent pour conserver son pouvoir et, dans le même temps, empêche sa fille de se forger une vie affective autonome.

Au cours de ses trois premiers mois de thérapie, Iris a beaucoup progressé. Elle a commencé à comprendre que sa colère à l'encontre du comportement de son père était vaine, qu'il était illusoire de penser qu'il pourrait changer un jour et lui accorder l'affection et la reconnaissance qu'elle n'a jamais eues. Je crois qu'elle le fait peu à peu descendre de son piédestal, ce qui sera un début pour trouver un accord avec lui. Souvent, il faut savoir se libérer de son passé pour pouvoir se faire un avenir. Bref, elle a saisi le mécanisme qui fait d'elle une perdante obligée : elle ne pourra vaincre, en amour, que si elle débloque ses relations avec son père.

Et si nous étions nous-mêmes notre pire ennemi ? Si c'était en nous, et non au-dehors, dans des obstacles extérieurs, que se cachait ce qui nous empêche d'atteindre le bonheur ? C'est la thèse soutenue dans un livre provocant justement intitulé *Your Own Worst Eneny* [11]. Ses auteurs, Steven Berglas et Roy F. Baumeister, pensent que l'art subtil de se faire du mal a en fait une valeur stratégique : il nous permet d'éviter une réussite que nous ne nous sentons pas en mesure d'assumer.

Cette peur du succès est bien évidente dans l'histoire de Béatrice. Elle a trente-deux ans, pèse quatre-vingt-six kilos et est enceinte. Elle vient consulter à cause de crises de panique liées à la crainte que l'enfant qu'elle attend ne soit anormal. Sa précédente grossesse a été très difficile. Elle a accouché par césarienne et sa fille, née prématurément, a eu une petite hémorragie cérébrale.

En réalité, c'est surtout son long séjour dans le service de néonatologie qui a angoissé Béatrice. Fort heureusement, son mari a toujours été très présent et a passé des heures à parler à leur bébé, Rose. Béatrice, elle, ne cessait de dire : « Qui sait ce qui va arriver quand ils la débrancheront ! Quand on va la voir, on dirait qu'on pénètre dans un abri anti-atomique ! » Il est vrai que l'on accédait au service des prématurés par une double porte, destinée à protéger les nourrissons des infections.

En fait, Béatrice craignant que sa petite fille ne survive pas et voulant s'éviter une souffrance insupportable, avait mis au point une sorte de deuil préventif et tentait de s'éloigner de son enfant. Une autre étape difficile à passer a été celle de l'allaitement. Alors que la petite était encore en couveuse, Béatrice a refusé de se faire tirer le lait pour qu'on le lui donne en biberon.

Mais quand Rose a atteint deux kilos, elle a pu la prendre dans ses bras, et les mécanismes de l'attachement maternel se sont enclenchés. Que s'était-il passé ? Je crois qu'au-delà de ces processus traditionnels bien décrits par Bowlby [12], il s'en est activé un autre, de défense préventive. Ce type de comportement, que l'on pourrait trouver froid et égoïste, est en réalité une forme archaïque de protection psychologique. Avec le temps, cependant, le rapport entre la mère et la fille s'est normalisé. Et maintenant que Béatrice et son mari ont décidé d'avoir un autre enfant, ses vieilles peurs ne sont pas réapparues.

Les mécanismes du perdant

Le comportement perdant peut dissimuler tout un éventail de cas que nous allons tenter de résumer.

Les castrés et les déficients

Qu'il manque quelque chose « au-dehors » ou « audedans », le principe général est, dans ce cas, celui de la déficience. À cet égard, le langage familier est très révélateur : on dit des personnes faibles et peu sûres d'elles qu'elles « n'ont pas de couilles » (même s'il s'agit de femmes), et que celles qui ont une attitude déterminée et agressive « en ont ». Ce recours aux attributs virils ne tient pas au hasard : depuis toujours, le rôle de gagnant a été attribué à l'homme, alors que la castration a été assimilée aux caractéristiques anatomiques féminines. Les vieux préjugés ont la vie dure.

Les victimes du syndrome du « je ne suis pas digne »

Nous avons vu que, par culpabilité ou par honte, certaines personnes se sentent déficientes, indignes, voire dignes de punitions susceptibles de satisfaire leur besoin d'expiation et de calmer un Surmoi tyrannique. C'est d'elles que s'occupe la psychanalyse, lorsqu'elles acceptent d'entamer une thérapie afin de comprendre les fautes passées (réelles ou, le plus souvent, imaginaires) qui compromettent leur réussite, leur bonheur et, en tout état de cause, la réalisation de leur potentiel humain.

Les victimes poursuivies

Tout comme les paranoïaques, elles sont convaincues que les méchants sont les autres et qu'elles sont seulement malchanceuses et injustement pénalisées. C'est par manque de souplesse que ces personnes finissent par adopter un comportement de perdant : elles sont incapables de se mettre dans la peau des autres ou de se livrer à une saine autocritique.

Cette rigidité est due au fait que, chez elles, le système de projection l'emporte sur celui de l'introspection, d'où leur tendance à rejeter presque systématiquement la faute sur autrui. Il arrive qu'elles persuadent leur interlocuteur qu'elles ont raison, mais aussi que cette attitude les rende caractérielles, peu coopératives et, en dernier ressort, perdantes. Elles continueront à se croire des victimes poursuivies et, dans certains cas, réussiront à dépasser ce sentiment en devenant des opposants (au régime politique, professionnel ou simplement familial).

Les victimes de leur passé

Si le perdant « conjoncturel » finit par subir les contrecoups d'un présent difficile (un « life event »), le véritable perdant est, lui, assujetti à son passé. C'est le cas, par exemple, de Nicole Castioni [13], députée au parlement suisse de Genève, juge et conseillère municipale, qui a écrit un livre où elle raconte l'expérience dramatique qu'elle a vécue.

Après avoir été séduite par un malfrat, cette femme s'est prostituée pour lui. Au départ, il avait fait miroiter l'image de la vie facile sur la Côte d'Azur, puis lui avait demandé de gagner de l'argent pour que cette vie puisse continuer, pour elle comme pour lui. Elle explique avec intelligence comment cette situation à haut risque, au cours de laquelle elle a connu menaces et intimidations, avait trouvé un ancrage facile dans son passé personnel, car sa famille ne lui avait pas appris à se fixer des limites et l'avait élevée dans l'idée que l'on pouvait céder à n'importe quelle tentation. Surtout, elle ne l'avait pas protégée contre les classiques abus de l'ami de la famille. Une fuite rocambolesque pour échapper à son mac et une longue psychanalyse ont permis à Nicole Castioni de passer de la catégorie des perdants à celle des gagnants. Elle est désormais mariée, a deux filles, et mène avec succès des activités sociale et politique (en s'occupant en particulier de la réinsertion des prostituées).

Mais il y a des gens qui n'arrivent pas, eux, à se libérer de leur passé. Comme dans le cas de Frédéric, trente-quatre ans, marié à Joëlle, vingt-huit ans.

Ce couple vient me consulter sur avis du médecin de famille. Ils ne font plus l'amour depuis un an, se disent épuisés par trop de travail et par l'énergie qu'exigent leurs enfants, tous deux difficiles. Il ne s'agit pas d'ingénus, et Frédéric et Joëlle sont appréciés dans leurs professions. Ce sont des personnes équilibrées, mais qui subissent encore le poids de leur famille d'origine.

Le père de Frédéric était un gros buveur qui, à la suite d'un accident de voiture, est resté paralysé des jambes et est devenu totalement dépendant de sa femme. Il s'est durement opposé au mariage de son fils, pensant égoïstement que cela privait la famille à la fois de bras et d'argent. Et quand Frédéric a décidé de se marier quand même, il a coupé les ponts avec lui, faisant plonger son fils dans la dépression.

Joëlle est, elle aussi, issue d'une famille difficile. Son père était un homme violent et l'obligeait à s'occuper de ses frères et sœurs plus jeunes.

Le manque de désir qui a motivé leur visite semble cacher non seulement un problème sexuel, mais aussi des difficultés existentielles tant récentes qu'anciennes. L'accumulation des problèmes a petit à petit érodé leur énergie. On pourrait dire que la famille, qui devrait avoir une influence bénéfique et être une source de sérénité, a fini dans leur cas par devenir néfaste.

Comment réagir ? Invoquant le prétexte de la nécessaire protection des enfants dans une situation qui se détériorait gravement, nous avons demandé l'intervention d'une assistante sociale. Dans le même temps, nous avons conseillé à Frédéric, qui est encore déprimé et exprime, à travers de récents accidents de voiture à répétition, une tendance à l'auto-sabotage, de prendre des antidépresseurs et d'entamer une psychothérapie en vue de se libérer de sa dépendance résiduelle vis-à-vis de sa famille d'origine. Il doit surtout « digérer » la condamnation de son père, qui l'a marqué dès l'instant où il a voulu fonder sa propre famille, et non plus « servir » l'autre.

Ceux qui s'identifient à la victime

Un dénominateur commun de tous les perdants est l'existence, dans leur passé, d'un mécanisme d'identification à la victime plutôt qu'au gagnant au sein de leur famille. C'est ce qu'illustrent les histoires de Michel, qui a joué le rôle de victime sexuelle, et de Stéphane, qui s'est identifié à son grand frère, mort précocement et dont il a « repris » le rôle.

Michel, quarante-cinq ans, timide et dépressif, demande une aide psychologique parce que pendant trois ans il a fréquenté, Élise, infirmière, une femme elle aussi timide et réservée. Après lui avoir fait une cour prudente, il a essayé d'avoir des rapports sexuels avec elle, mais ça n'a pas marché. Au bout d'un mois de tentatives infructueuses, elle l'a quitté. Pourtant, il a une érection spontanée le matin et une activité masturbatoire normale mais, au moment de la pénétration, il est bloqué par une forte angoisse.

Comme toujours dans de telles situations, il s'agit de chercher si l'échec sexuel ne cache pas une tendance plus générale à l'échec, ce qui est malheureusement le cas pour Michel. Après avoir passé un bac littéraire, il s'est inscrit en faculté d'économie et de commerce, mais il a rapidement abandonné parce que c'était trop difficile pour lui. Il a alors travaillé plusieurs années comme chauffeur de taxi, puis dix ans comme comptable. Depuis quelques mois, il est au chômage.

Michel a traversé de longues périodes sans aucune relation sexuelle, sauf, à l'occasion, quelques rapports payants. Il faut bien dire qu'avec son comportement inhibé et sa tendance à la dépression, il fait le vide autour de lui et finit par être en partie la cause de la solitude dont il se plaint. Depuis qu'il n'a plus de travail, il s'ennuie et passe un grand nombre d'heures dans des bars, où il fume de plus en plus.

Si sa difficulté à s'affirmer s'étend bien au-delà du domaine sexuel, elle trouve cependant son origine dans la sexualité. En effet, pendant des vacances à la mer avec ses parents alors qu'il avait onze ans, Michel a été violé par un touriste, chose qu'il n'a jamais révélée. Cet événement a marqué son identité sexuelle et depuis, il s'est partiellement identifié à un personnage imaginaire féminin. Dans ses fantasmes, d'ailleurs, il est violé comme une femme.

Au lieu de s'identifier à la figure de l'agresseur, Michel a inconsciemment opté pour celle du perdant. La possibilité de succès qui s'offrait à lui, sur le plan sexuel, avec Élise, et qui lui aurait pu lui permettre de changer de vie et de réussir quelque chose au niveau privé, s'est heurtée à une tendance profondément ancrée en lui qui l'oblige à s'identifier à la victime et non à l'agresseur, qui est mauvais, mais gagnant.

Inutile, dans un tel cas, d'envoyer le patient au casse-pipe en le poussant à vivre des expériences ciblées sur la réussite et une plus grande confiance en soi. Il vaut mieux qu'il admette que le poids du passé est trop grand, car c'est sur ce point que devront se concentrer les efforts des thérapeutes.

Pour commencer, il faudra donc aider Michel à retrouver du travail. Ensuite, il serait bon qu'il suive une psychanalyse, de préférence avec un homme, afin qu'il puisse relancer son identité virile, qui a été tellement perturbée ces trente dernières années.

Stéphane est lui aussi un quadragénaire peu sûr de lui et psychologiquement instable. Il est marié à Linda, et tous deux sont alcooliques depuis des années. Ils ont suivi des thérapies médicales et psychologiques, puis ont fréquenté un groupe d'entraide des Alcooliques anonymes.

Ils demandent à consulter pour un conflit de couple : Linda s'étant soumise à une psychothérapie individuelle, elle est devenue plus autonome à la fois vis-à-vis de l'alcool et de Stéphane, mais l'état psychologique de son mari s'est du même coup aggravé. Maintenant, Stéphane boit seul, par désespoir.

L'alcool semble combler un vide existentiel et, en même temps, calmer ses angoisses profondes. Quand il n'est pas saoul, il est sensible et intéressant ; il paraît même timide et rougit facilement.

Cet homme a été marié une première fois, mais sa femme l'a quitté, le trouvant trop pessimiste. Peu après son divorce, il a connu et épousé Linda dont la joie semble avoir d'abord eu sur lui un excellent effet antidépresseur. Mais Linda, désireuse d'avoir un enfant, s'est retrouvée rapidement enceinte. Paradoxalement, Stéphane a recommencé à ne pas croire en la vie et dans la possibilité de réussir.

Au cours de nos entretiens, il trouvera une explication à cette tendance au sabotage. Il me racontera qu'avant lui, ses parents avaient eu un premier fils, baptisé Stéphane, qui est mort en bas âge. Il a donc hérité du nom de ce frère et, inconsciemment, d'un penchant pour une fin tragique.

Dès que Linda fait un progrès dans sa vie personnelle et cherche, dans leur couple, à établir un nouvel équilibre, Stéphane commet un de ses sabotages habituels : par exemple, il se fait arrêter au volant en état d'ivresse et perd son permis, voire son travail. Plus que l'irritation, il inspire la pitié lorsqu'il raconte que tous les dimanches, quand il était petit, sa mère l'emmenait au cimetière sur la tombe de son frère. Depuis, il vit tous les week-ends dans la tristesse.

Stéphane et Linda ne sont pas heureux, ils ont peu de rêves et de projets communs, mais ils attendent de leur couple qu'il leur permette, au moins, de survivre. Cette dépendance mutuelle leur est devenue indispensable après leur échec respectif pour décrocher du passé. En effet, si Stéphane est prisonnier de son identification à son frère mort, Linda, elle, a bien du mal à évacuer l'expérience incestueuse dont elle a souffert et qui a sapé l'autonomie de son Moi en plein développement.

La situation est grave, surtout pour Stéphane, qui ne supporte pas sa frustration et pour qui les entretiens psychologiques sont de simples « verres d'eau » à côté du pouvoir « thérapeutique », quoique illusoire, de l'alcool. Malheureusement, son avenir paraît peu souriant. Et il faut aussi aider Linda à poursuivre son processus de maturation, ce qui n'est pas sans risque pour Stéphane.

COMMENT VIVRE MIEUX ?

Pour conclure ce chapitre sur les perdants, je crois que l'on peut déterminer quelques stratégies, toutes fondées sur un concept essentiel : se protéger.

1. **Au travail : soyez rigoureux dans vos choix.** Comme on dit, mieux vaut prévenir que guérir. Vous avez intérêt à sélectionner vos associés et collaborateurs avec prudence.

Mais si vous devez choisir un médecin, ou encore un conseiller financier ou un avocat, ne vous fiez pas aux apparences, vérifiez les informations obtenues par ouï-dire et tenez compte de l'avis des gens qui ont déjà eu recours à leurs services. Les assureurs ont raison lorsqu'ils établissent des statistiques de « traumatophilie », d'où il ressort que certaines personnes sont plus susceptibles que d'autres d'avoir plusieurs fois le même genre d'accident.

2. En amour : soyez encourageant, pas compatissant. L'amour, on le sait, est aveugle. Si vous avez déjà un perdant bien installé dans votre vie et votre lit, évitez toutefois de jouer à l'infirmier ou au Saint-Bernard. Ne vous mettez pas à sa place et ne le sermonnez pas (en faisant des remarques du genre, « Je te l'avais dit... »). Encouragez-le, au contraire. Sinon, il ne fera que se convaincre davantage de son incapacité. Enfin, confiez lui des responsabilités nouvelles, à la mesure de ses possibilités.

3. Aidez-le à transformer ses échecs en victoires possibles. Voici quatre points sur lesquels vous pouvez « travailler », tant dans la vie privée que professionnelle, pour aider un perdant à vivre mieux :

- Lui apprendre à partir de lui-même et de ses propres exigences, plutôt que des besoins des autres.
- Lui apprendre à ne pas généraliser, mais à affronter directement ses problèmes.
- Lui apprendre à relativiser les événements négatifs, car il est souvent possible de transformer un échec en victoire.
- Lui apprendre à accepter sa difficulté à changer, en admettant le fait que certaines évolutions sont lentes et demeurent incomplètes.

CHAPITRE VIII

Les inconstants

C'est la canicule. En ce mois d'août Céline, qui habite dans l'Oise, est à Paris pour une visite médicale. Elle demande à un passant comment se rendre à l'hôpital Saint-Louis, mais celui-ci, pour ne pas passer pour un idiot, lui donne une fausse indication, ce qui l'oblige à marcher un bon quart d'heure de trop sous un soleil de plomb.

Céline a rendez-vous, devant l'entrée de l'hôpital, avec son ami Roger qui, comme cela lui arrive fréquemment, est en retard. Il est non seulement étourdi mais peu fiable sur le plan sentimental. C'est comme ça : au fond, il ne se soucie pas vraiment des autres.

Pourtant, cette fois, Cécile aurait vraiment besoin de lui. Si elle est venue à Paris, c'est parce que dans l'hôpital de la ville de province où elle habite, il n'existe pas de spécialiste compétent. Et elle sait d'avance qu'une fois dans la salle d'attente, il lui faudra patienter longtemps avant que ce ne soit son tour. Au bout du compte, sa journée sera gâchée par trois acteurs manquant de fiabilité : le passant, son ami et... la santé publique !

Notre existence ne peut être programmée jusque dans ses moindres détails. Certes, elle serait plus sûre ainsi, mais elle deviendrait terriblement prévisible et fastidieuse. L'ennui, c'est que les personnes qui ont le pouvoir de faire bouger notre vie ont aussi celui de saper notre quotidien. C'est le cas des individus à qui l'on ne peut faire confiance, sur qui l'on ne peut compter : les hommes inconstants qui fuient tout engagement, les adorables voyous qui ne se montrent que quand ils en ont envie, les maris divorcés qui versent la pension alimentaire en retard ou qui ne la paient pas du tout, les femmes-papillons qui promettent et oublient dans la seconde, distraites par quelque chose de plus intéressant.

Dans la vie privée, on trouve aussi l'ami d'enfance qui arrive toujours en retard à la fête à laquelle il avait promis d'être présent ou qui ne vient carrément pas, sans donner d'explications ; ou la bonne copine toujours prête lorsqu'il s'agit de faire du shopping ou d'aller au cinéma, mais qui se fait prier quand on a vraiment besoin d'elle. Et au bureau, ce sont tous les collègues, charmants et pittoresques au demeurant, qui ne respectent jamais les consignes, égarent leurs documents ou dont l'ordinateur tombe comme par hasard en panne le jour où ils devaient terminer un rapport...

Sur le plan psychologique, toutefois, ces personnes ne sont pas toutes semblables. On peut faire une distinction entre les « infidèles » conjoncturels ou sectoriels (dans certaines occasions et dans certains domaines) et les infidèles structurels (tout le temps et en toutes circonstances). Dans ce second cas, le manque de fiabilité est la conséquence d'un trouble de la personnalité qui pousse à suivre ses impulsions sans tenir compte de la réalité des relations avec autrui.

On sait que, pour le petit enfant, il est essentiel de développer un sentiment de confiance pour pouvoir grandir à l'abri de la paranoïa ou de graves dépressions. Au cours de cette phase, si importante, de dépendance vis-à-vis de l'adulte, le bébé doit savoir qu'il peut compter sur le monde autour de lui et que la tétée (ou le biberon) arrivera au moment voulu. En effet, les attitudes des adultes sont peu à peu intériorisées et deviennent le fondement de la confiance en soi et en ses propres moyens. Or, par son comportement, une personne peu fiable finit par entamer la confiance personnelle d'autrui.

L'amour : entre imprévu et monotonie ?

Une question vient spontanément à l'esprit : et l'amour, avec toutes ses vicissitudes, doit-il être fiable ou non ? Tâchons de trouver la réponse en analysant sa manifestation la plus intense : le coup de foudre.

Le coup de foudre est imprévisible...

Il s'agit d'un état émotionnel intense, presque d'un choc, provoqué par une fascination violente et soudaine. Comme le disait Jung, les personnes prises de passion l'une pour l'autre sont comme deux substances chimiques qui entrent en réaction et se transforment de façon irréversible. Cette « divine surprise » est bien souvent vécue comme un drame. En effet, le corps réagit vivement, par des manifestations neurovégétatives : tachycardie, transpiration, rougissement ou pâleur cadavérique.

D'où provient cette réaction si violente et, surtout, est-elle vraiment le fait du hasard ? Le coup de foudre est comme l'« appel de la forêt » de Jack London. Il est dominé par le mécanisme psychologique de l'illusion : celui qui le provoque sert à faire remonter un événement ancien à la surface. C'est ce phénomène de la réminiscence qui explique, entre autres, l'intensité des réactions physiques éprouvées. Le coup de foudre ne s'inscrit pas dans un destin : on ne le connaît que lorsqu'on est, d'une certaine façon, prédisposé à en avoir un. Autrement dit, *on naît foudroyable, et l'on est foudroyé.*

Pour Freud, le coup de foudre s'apparente à un phénomène pathologique. C'est une désorganisation de la personnalité comparable à un état psychotique transitoire. Il provoque un changement que beaucoup voient comme un danger, et non comme un enrichissement, exception faite des « drogués » du coup de foudre qui ont besoin d'émotions fortes pour se sentir vivre : s'ils ne tombent pas amoureux à répétition, ils sombrent dans une profonde dépression.

Comme chez les animaux, cette irrésistible attirance peut être causée par des odeurs (les phéromones) mais, dans l'espèce humaine, c'est plus souvent le regard qui prévaut ou bien une impression d'intangibles affinités électives. Pensons aux poésies de Sapho, à la *Phèdre* de Racine, ou à toutes les variations offertes par la grande machine à rêves hollywoodienne. Citons le thriller passionnel *Body Heat* [1] où le personnage principal masculin (William Hurt) perd la tête pour une merveilleuse inconnue (Kathleen Turner) qui mange une glace avec une grande sensualité.

Le coup de foudre, imprévisible par nature, peut-il être fiable, c'est-à-dire devenir le point de départ d'un amour solide ? Tout dépend. Le coup de foudre a une grande force, en partie due à l'anonymat qui l'enveloppe et qui rend la rencontre mystérieuse, voire magique. Comme il est fondé sur une illusion, son ennemi numéro un est forcément le temps. Soit son effet s'évanouit en quelques jour, soit il se transforme et donne lieu à une relation qui n'est plus placée sous le signe de l'illusion, mais de l'idéalisation : on tombe alors amoureux. À ce stade, l'autre est considéré dans sa réalité, mais on fait abstraction de ses défauts et on met en avant toutes ses qualités.

Une troisième transformation doit encore survenir pour que le couple devienne durable : il lui faut trouver le véritable amour, chacun « désidéalisant » l'objet aimé et l'acceptant sous sa forme authentique, avec ses qualités et ses défauts. Bref, il faut que le couple continue de s'employer à dépasser les malentendus et les moments difficiles. C'est une condition indispensable pour que l'éblouissement du coup de foudre se mue en lumière d'une longue journée d'été.

Mais la vie conjugale est trop fiable...

Arrive-t-il souvent que la passion dure au sein d'un couple ? Et si oui, l'amour conjugal ne devient-il pas fiable, et donc prévisible au point de pousser à aller vivre ailleurs la passion ? Lors d'une émission radiophonique, nous nous sommes demandés, l'animatrice, les auditeurs et moi-même, si la passion sexuelle conservait aujourd'hui encore une place importante. Dès les premiers appels, il est apparu qu'une mutation s'était produite.

Pendant longtemps, chez les hommes, les trois valeurs cardinales étaient auto-boulot-bobonne : le Français moyen voulait se marier, trouver un travail fixe et avoir une belle voiture. Aujourd'hui, il semble que l'on opte plus volontiers pour les Sous, le Succès et le Sexe : plus qu'un travail, l'homme moderne veut du succès, quel que soit son métier. Plus qu'une voiture, ce qui compte, c'est l'argent nécessaire pour l'acheter. Et plus qu'une femme, et donc un rapport affectif stable, ce qui importe, c'est le sexe, lequel ne passe pas nécessairement par la vie conjugale.

Dans la seconde partie de l'émission, il a été proposé de remplacer les 3 S susmentionnés par un nouveau trio : Sagesse, Sérénité et Santé. Il s'agit là de valeurs plus fiables, et donc plus durables, contrairement aux précédentes qui procurent des émotions fortes mais éphémères. Par ailleurs, on sait que la passion effraie par sa violence, comme celle qui traverse le roman insolite qu'est *L'Asile* [2], où une femme tranquille, mais insatisfaite, de la bourgeoisie anglaise, mariée au psychiatre de l'asile, perd la tête pour un sculpteur qui a tué sa femme et plaque tout pour le suivre. C'est une passion effrénée, sans limites, une folie érotique vouée à la tragédie, mais surtout un livre qui, sans battage publicitaire, grâce au seul bouche à oreille des lecteurs, est devenu un best-seller. Un témoignage du pouvoir d'attraction qu'exerce le caractère imprévisible de la passion.

En même temps, l'absence de fiabilité de la folie amoureuse fait toujours peur. Nombreux sont les hommes qui craignent que la « fée » dont ils sont amoureux ne cache une sorcière, et bien des femmes se disent que le mâle séduisant après lequel elles soupirent est peut-être un vaurien. Tous redoutent la blessure de la déception sentimentale, au point de reporter leur besoin d'amour sur des passions parallèles (travail, art, engagement politique) qui leur paraissent plus sûres.

En tant que praticien, j'ai moi aussi constaté que les couples les plus satisfaits étaient ceux qui avaient stabilisé leur rapport affectif en transférant la passion hors du cadre de la vie conjugale et sans la chercher chez quelqu'un d'autre.

Que conseiller alors ? N'y a-t-il de choix qu'entre le coup de foudre imprévisible et le mariage prévisible ? L'idéal serait de trouver un partenaire fiable et imprévisible. Sinon, la passion pour son travail et ses activités de loisir s'ajoutant à un amour de l'autre dénué d'illusion romantique semble être une bonne formule pour faire prospérer sa vie conjugale.

La pornographie des sentiments

Le film hollywoodien *Ainsi va la vie* [3] commence par une scène où une jeune femme (Sandra Bullock) est invitée à un talk-show sentimental. C'est sa meilleure amie qui lui a demandé d'y participer, sans lui donner plus d'explication. Une fois en direct, elle lui avouera qu'elle est depuis un an la maîtresse de son mari...

À peine surréaliste, ce film illustre un phénomène très répandu à l'heure actuelle, ce que j'appelle la « pornographie des sentiments ». En effet, tout comme la caméra est focalisée sur les parties génitales dans les films X, l'attention des médias semble aujourd'hui, dans certaines émissions, se concentrer exclusivement sur les émotions : un amour malheureux, une séparation, un deuil, mais aussi l'exhibitionnisme de son succès auprès de l'autre sexe, etc.

De petites et grandes célébrités, des acteurs, des stars de rock, mais aussi des gens ordinaires, que le hasard ou une action d'éclat ont poussé sous le feu des projecteurs, se révèlent totalement dénués de fiabilité et offrent en pâture à des milliers d'inconnus des choses qui ne devraient pas sortir du secret de l'intimité.

Certaines émissions de télévision à succès reposent sur la mise en scène de conflits conjugaux, que certains couples acceptent de raconter en public, chacun des deux partenaires étant convaincu d'avoir raison et de couvrir de ridicule ce conjoint qu'il déteste. Il est rare que ces interventions soient thérapeutiques. En effet, le bon animateur, en apparence fiable, cherche en réalité à lever le voile sur le point faible de chacun pour faire du sensationnel. Il y a donc une grande différence entre ce genre de spectacle et une séance de thérapie, où dans le cadre privé d'un entretien à deux, le psychologue s'efforce de trouver le point faible de son patient non pas pour faire de l'audience, mais pour l'aider.

Parmi les autres illustrations possibles du manque de fiabilité affective et de la violation de l'intimité, on peut citer les livres de mémoires, notamment ceux de certaines vedettes qui, ne pouvant plus afficher leur beauté pour cause de vieillissement, finissent par publier une biographie qui est parfois assez « salée ». Elles y règlent des comptes, nomment d'anciens amants, révèlent l'existence d'enfants illégitimes, tout cela dans une tentative désespérée pour occuper encore le devant de la scène.

Cette confusion entre le public et le privé a donné le thème d'un brillant film, sarcastique en diable : *Harry dans tous ses états* [4] où Woody Allen incarne un romancier à succès. Celui-ci y raconte, en changeant à peine son nom et quelques détails, comment il a trompé sa femme avec sa belle-sœur : à travers son roman, il finit par humilier tous ceux qui l'ont côtoyé et qu'il a aimés.

Alors, qui, pour conclure, pouvons-nous considérer comme véritablement fiable ? Celui ou celle qui éprouve des sentiments authentiques et sait ensuite les garder au fond de son cœur sans céder à la tentation de les étaler en public, en arguant d'une transparence aussi absolue que problématique.

Les hommes à qui l'on ne peut se fier

La liste des hommes à qui l'on ne peut accorder de crédit est bien longue. Et je dois malheureusement donner raison à certaines quadragénaires célibataires qui peinent à trouver un compagnon digne de confiance et finissent par retomber sur un nouveau fourbe...

Le séducteur en série

Arthur, quarante-quatre ans, publicitaire indépendant (comme il aime se définir) a grand besoin de séduire les belles femmes qu'il rencontre. Il ne dédaigne pas non plus les prostituées de haut vol, son plus grand plaisir étant alors de les attirer dans son lit sans les payer.

Sexuellement, pourtant, Arthur n'est pas bon à grand-chose et il préfère de loin que sa partenaire le satisfasse oralement. Le drame, c'est que pour renforcer son Moi et remédier à une piètre confiance dans sa virilité, il se sent quasiment obligé de jouer sans arrêt au séducteur en série, même s'il sait qu'ensuite, cela ne débouche sur rien.

Arthur est souvent saisi par l'angoisse, ce qui l'amène à boire un peu trop. L'alcool lui a d'ailleurs déjà joué de mauvais tours, puisqu'il a perdu son poste dans une agence de publicité. Son côté destructeur l'emporte souvent sur ses élans vitaux.

On pourrait penser que pour échapper à un tel homme, il suffit de l'éviter, mais il est fréquent que les empoisonneurs de ce genre réussissent à réveiller, chez certaines femmes, leur instinct de secouriste. En outre, Arthur est très habile dans sa lutte désespérée contre l'angoisse qui l'étreint. Il est capable de gestes touchants et de comportements séducteurs qui donnent aux femmes qu'il rencontre l'impression d'être de véritables reines. Sur le plan professionnel, il reste un marginal vaguement créatif, qui rêve de fonder un énorme studio dans un pays émergent, la Bulgarie.

Somme toute, Arthur rêve et fait rêver, même si cela dure peu, puisque passé le seuil de sa chambre, son impuissance lui impose des sorties de scène précipitées. Narcissique et, à la base, peu sûr de lui, il ne fait qu'obéir à ses impulsions. Et lorsqu'il séduit, ce n'est pas par amour pour les femmes qu'il croise mais pour vérifier s'il « existe » encore.

Malheureusement, le passage des ans ne libère pas les hommes de leurs mauvaises habitudes, ainsi qu'en témoigne Monique : « J'ai soixante-huit ans et mon mari soixante-dix-huit. Nous continuons d'avoir des rapports sexuels réguliers. Mais j'ai l'impression, et même la certitude, qu'il fréquente d'autres femmes : souvent, il reçoit des coups de fil mystérieux et s'absente sans rien me dire. Tout au long de nos cinquante années de mariage, il a eu des toquades. Cela ne s'arrêtera donc jamais ? Éclairez-moi sur la sexualité du troisième âge ! »

Le problème, c'est que si la vitalité sexuelle décline avec l'âge, en revanche, le besoin de séduire et de plaire ne diminue pas. Certains hommes doivent même, au fil des ans, se tester de plus en plus, à travers des coups de séduction « en série » et des vagabondages érotiques. Je comprends l'amertume de Monique, mais après cinquante années de vie commune, je crois qu'il n'est plus temps de remettre en question leurs choix conjugaux.

L'homme à deux visages

Lydie a quarante ans. Elle s'est mariée une première fois à vingt ans et a vécu une vie de couple tranquille, qui a pris fin quand elle a connu le grand amour, l'homme qui a marqué son existence. Mais cette grande passion s'est terminée en tragédie : Paul est mort dans un accident de voiture et Lydie a alors traversé des années de deuil, de douleur absolue. Puis, avec l'aide d'une amie très chère, elle s'est lentement rétablie. Et, peu à peu, elle a repris goût à la vie.

Il y a deux ans de cela, elle a rencontré celui qui allait devenir son second mari, un homme sensible et enthousiaste, peut-être un peu trop : au bout d'une semaine, Bernard lui déclarait sa flamme éternelle et disait vouloir l'épouser et avoir tout de suite un enfant ! Cette impatience a un peu effrayé Lydie, d'autant que, pour vivre avec lui, il fallait qu'elle quitte sa ville et elle avait peur de souffrir, de « se perdre ». Bernard a néanmoins su se montrer tenace et patient, et elle a fini par déménager.

La surprise n'en a été que plus dure : cet homme s'est révélé possessif et jaloux, au point de la battre et de demander ensuite pardon en larmes, comme au théâtre. Malgré tout, Lydie l'a épousé, adoptant le rôle classique de l'« infirmière ». Elle espérait que son amour et leur mariage changeraient Bernard, ce qui n'a pas été le cas. Après leurs noces, il s'est senti étouffé par ses responsabilités de mari, et n'a plus eu envie de faire l'amour, se montrant toujours nerveux et taciturne. Et puis les choses se sont accélérées : bagarres, filatures, scènes...

Lydie est partie. Elle est revenue à son état antérieur de femme seule et s'efforce, à grand peine, de vivre sans Bernard. Elle se demande quelle erreur elle a commise, et comment un homme peut changer aussi brusquement. Elle se dit qu'elle a peut-être épousé un fou...

Bernard n'est pas fou au sens psychiatrique du terme, même s'il souffre d'une grave névrose phobique. Analysons le comportement qu'il a eu avec Lydie. Au début, il a cherché impatiemment un port où « jeter l'ancre ». Ensuite, son anxiété a tourné à l'angoisse : il a développé une sorte de « syndrome de la corde au cou » ou de « claustrophobie du mariage ».

On pourrait dire, par analogie avec le domaine alimentaire, que cet homme a souffert, vis-à-vis d'elle, tout d'abord de boulimie, puis d'anorexie. Il ne sait ni trouver la bonne distance émotionnelle, ni donner un rythme tranquille à la cohabitation à deux laquelle, avec lui, ne peut être que frénétique ou paralysée. En couple, les hommes tels Bernard sont de véritables catastrophes, tout comme les narcissiques et les paranoïaques.

Lydie doit maintenant comprendre les raisons de ce qui est arrivé et déculpabiliser, car elle n'est pas complice, mais seulement victime. Elle devrait essayer de ramener son horloge en arrière de deux ans... Elle n'en a que quarante, d'ailleurs. Elle a donc encore toute la vie devant elle.

Le mari qui a un secret

Angela, trente-deux ans, est mariée depuis huit ans à René, qui en a trente-sept. Femme et mère exemplaires, elle s'entend depuis peu reprocher d'avoir pris quelques kilos et de ne plus être aussi séduisante qu'avant. En outre, elle s'est rendu compte que René avait en secret des activités sexuelles « transgressives », lesquelles incluent notamment la pratique de l'échangisme (il y fait participer sa maîtresse).

René a toujours été un jouisseur dénué de fiabilité, même avant son mariage. Mais, pour lui, ces jeux ne sont possibles que si Angela, qui en est rigoureusement exclue, demeure un point d'ancrage dans sa vie affective. Or maintenant qu'elle a découvert le pot-aux-roses, elle étouffe sous la rancœur et se sent blousée par ce mari à temps partiel.

Angela a certes raison, dans la mesure où René se divise entre plusieurs rôles, mais elle a également tort, puisqu'il a toujours été ainsi et qu'elle a épousé l'illusion d'un homme différent.

La litanie des partenaires dénués de fiabilité est sans fin : on découvrira toujours que l'autre boit, est séropositif, a un enfant caché ou un amour parallèle. On en vient alors à se poser la question suivante : la thèse selon laquelle la qualité numéro un de son conjoint est d'être fiable est-elle encore valide ? Provocant, certes, mais peut-être pas tant que ça.

Les mauvaises surprises, ou mieux vaut ne pas se fier aux apparences

Le plus souvent, au sein des couples, un partenaire se plaint d'être trompé par l'autre. C'est parfois une version assez partiale des faits, car dans ces relations, il y a bien plus de complices que de victimes.

En effet, il y a des gens qu'on imagine fiables et dont on supporte mal qu'ils soient différents du rêve qu'on avait projeté. Je pense en particulier à certaines personnalités du spectacle (qui sont davantage l'objet de fantasmes pour leurs fans que des sujets dotés d'une charge érotique extraordinaire), aux dirigeants d'entreprises ou aux champions sportifs.

SEXE ET SPORT

Prenons le cas des sportifs professionnels, qui peuvent être des médailles d'or sur un stade mais pas au lit. Ainsi, dans l'imagination de leurs supporters, les footballeurs sont des jouisseurs, comme Maradona ou Gascoigne qui, tels des pirates ou des aventuriers, arrosent leurs victoires au milieu d'une foule de femmes. En réalité, les choses sont souvent tout autres, et si le sport a bien des effets positifs sur la sexualité de ceux qui ne pratiquent pas la compétition de haut niveau, il est également vrai qu'une grande dépense énergétique peut nuire à la libido de celui qui vise des objectifs extrêmement élevés.

Selon Finn Malher, spécialiste de médecine du sport à Genève, chez le sportif en phase d'entraînement intensif, la production de testostérone peut être inhibée, et dans ce cas, le désir sexuel diminue également. En outre, l'activité sportive provoque la sécrétion d'une grande quantité d'endorphine dans le cerveau, et cette hormone, qui favorise le calme, est la cause majeure de la chute de la libido.

En outre, on a tendance à sous-évaluer l'importance de la psyché dans les troubles sexuels des sportifs. Ainsi, lorsqu'un athlète est contrarié par un échec, son appétit sexuel en est affecté parce qu'il se sent comme castré. La blessure narcissique semble donc être l'origine principale des difficultés sexuelles des sportifs qui, tout comme certains artistes ou comédiens, restent néanmoins des sex-symbols, mais seulement dans l'imagination de leurs fans.

POUVOIR ET IMPUISSANCE

Cela vaut également pour les vedettes du monde politique ou économique, que nous supposons aussi hypervirils au lit qu'au bureau. La réalité est plus nuancée.

Dans un récent essai intitulé *Management et impuissance*, le Dr Perner lance un cri d'alarme en direction des cadres supérieurs, hommes politiques et carriéristes de tous poils : « Le pouvoir rend impuissant. » D'après les conclusions des recherches qu'elle a menées en Autriche, habitués qu'ils sont à commander et à prendre des décisions importantes, les hommes qui ont réussi et atteint le sommet dans leur domaine finissent par être stressés par l'obligation d'être toujours à la hauteur des résultats élevés que l'on attend d'eux.

Ce stress entraîne la production d'une trop grande quantité d'adrénaline, laquelle est l'ennemie, ou plutôt l'antidote, de l'érection. Bref, ce sont des barracudas en affaires, mais des fossiles entre les draps. Ces personnes adoptent bien souvent une attitude qui a été dite « de type A » [5] : elles sont actives, mais rigides et très focalisées sur la réalité, ce qui fait qu'elles repoussent émotions, fantasmes et imagination dans un coin. Et comme elles ont beaucoup de mal à se laisser aller et à admettre leurs faiblesses, un éventuel échec sexuel serait une faille dangereuse dans l'édifice de leur fonctionnement narcissique.

Il me semble que c'est seulement l'un des scénarios possibles de la relation « sexe et pouvoir ». Voici deux autres hypothèses intéressantes :

1. *Le pouvoir comme aphrodisiaque.* J'ai connu des dirigeants d'entreprises et des hommes politiques puissants et ambitieux, dont la conception carnassière de la vie incluait un érotisme actif. Cette sexualité est fréquemment plus quantitative que qualitative et peu respectueuse de l'autre, mais elle les satisfait ainsi. Ils préfèrent le sexe macho au sexe affectueux, parce que l'agressivité, en affaires comme au lit, est une stimulation qui permet d'abattre les obstacles et de marquer des points. Seul problème : la monogamie est difficile dans ce cas.

2. *Le pouvoir à la place du sexe.* Un proverbe sicilien dit : « Mieux vaut régner que baiser. » Et il est vrai que certains grands de la terre optent pour la chasteté, comme s'ils entraient en religion. Ils le font pour mieux concentrer leurs énergies sur les grands thèmes de la vie. D'autres optent pour le sexe quand ils sont jeunes et pour le pouvoir quand ils grisonnent, prenant ainsi à chaque période ce que la vie a de meilleur à offrir.

Les bonnes surprises, ou la fiabilité dans les cas d'urgence

Pour terminer ce tableau, je voudrais apporter une touche positive et rappeler que les hommes peu fiables en apparence peuvent aussi réserver de bonnes surprises. Voici, donc, ce que m'écrit Adrienne : « J'ai quarante-quatre ans et je vis de mon travail ; célibataire, j'ai beaucoup d'amis et d'intérêts. J'ai également une relation sentimentale, mais elle me semble actuellement “ au point mort ”.

« Depuis treize ans, je fréquente un homme que je pense avoir choisi parce que contrairement à d'autres, il a été et est encore présent aux moments critiques de ma vie. Dans les situations d'urgence, il est là, et il donne le meilleur de lui-même.

« Plus jeune, dans ma famille, j'ai toujours vécu entre deux crises : ma mère souffrait d'épisodes paranoïaques et avait souvent des accès de colère, notamment à cause de mon père qui passait le plus clair de son temps à jouer. C'est sans doute pour cette raison qu'une fois adulte, je suis restée peu sûre de moi et que j'ai toujours eu besoin d'un “ ange gardien ”.

« Le problème, avec cet homme, c'est qu'il est pratiquement impossible de faire des projets, de passer des accords ou de prendre des engagements précis du genre “ nous nous verrons à telle heure à tel endroit ”. Dans ce genre de situations, je ne sais pas si c'est conscient ou non, mais il se trompe d'heure ou de lieu, et alors que je me dis qu'il m'a purement et simplement posé un lapin, il vient s'excuser en toute candeur.

« Essaie-t-il de me fuir ? Je ne le crois pas, puisqu'il me fait aussi d'heureuses surprises, en venant m'attendre à la sortie de mon travail ou à la gare. En fin de compte, il est là, mais à condition de ne négocier aucune modalité. Si je modifiais mes attentes à son sujet, je cesserais peut-être de le voir comme mon compagnon. Mais j'ai besoin de lui. »

Adrienne croit que son ami n'est pas fiable. Or, contrairement aux autres hommes dont nous avons parlé, il ne l'est qu'en apparence. L'ennui, c'est qu'elle est issue d'une famille difficile, ce qui a entraîné chez elle un manque de confiance de base et une tendance à voir dans les hommes des « bouées affectives ». Cet ange gardien avec qui elle est depuis treize ans semble avoir bien plus de qualités que de défauts. Je crois qu'il est, pour elle, un véritable compagnon : attentif, présent dans les situations d'urgence, et disposé à la surprendre, chose que les femmes d'aujourd'hui réclament bien souvent en vain. Son incapacité de faire des projets précis n'est qu'un péché véniel...

Les femmes à qui l'on ne peut se fier

Les grossesses accidentelles

C'est un exemple classique. Il y a des femmes qui décident, avec leur partenaire, de ne pas avoir d'enfant, et qui tout à coup, changent d'idée, sans prévenir ou bien qui n'ont pas conscience de leur projet de maternité et qui se retrouvent enceintes presque par surprise.

Ainsi, Camille, trente-huit ans, médecin, vit depuis quatorze ans une histoire avec Lucien, qui est marié et père de trois enfants. C'est, en quelque sorte, son amant « historique ». De temps en temps, elle essaie de rompre, mais à chaque fois, elle revient vers lui. Au fond d'elle-même, elle n'a jamais vraiment espéré qu'il quitte sa femme.

Mais voilà qu'elle se rend compte un jour qu'elle est enceinte. Ayant déjà avorté deux fois dans le passé, elle est angoissée et ne sait que faire. Elle avait accepté de renoncer à tout projet d'enfant puisque Lucien avait déjà une famille. Ils en avaient discuté ensemble et ils étaient d'accord. Mais cette décision rationnelle vacille devant les raisons du cœur. Consciemment ou non, Camille a toujours eu envie d'avoir un enfant.

Cette femme a grandi dans une famille saine et équilibrée; ses frères et sœurs, tous mariés, ont des enfants, et ses parents, désormais à la retraite, sont prêts à l'aider. Elle semble aimer profondément Lucien, dont elle partage la passion pour la spéléologie. Chaque semaine, ils se retrouvent au sein d'une équipe, ce qui crée des occasions de renouer lorsqu'elle essaie de le quitter.

Camille est de plus en plus décidée à garder le bébé, parce qu'elle aime cet homme et pense que si elle a un enfant de lui, cela donnera un sens à sa vie. Lucien, lui, pense que cela briserait leur pacte, puisqu'il ne peut quitter sa famille, bien qu'il soit peu à peu devenu bigame à son insu. Il donne l'image d'un homme droit et responsable, engagé dans une histoire qui n'offre d'autre issue que de faire coexister deux passions et deux vies.

Finalement, Camille décide d'avoir son enfant. Et pour l'annoncer à ses parents, elle leur écrit une lettre, leur disant qu'ils seront bientôt grands-parents. Sur l'identité du père, elle ment. La version officielle est qu'elle s'est retrouvée enceinte à la suite d'une aventure sans lendemain et qu'elle n'a pas l'intention de revoir le père. Bref, elle a décidé, par amour, de protéger son amant.

Comment finira cette histoire ? Sans doute de la façon la plus classique : par un compromis, comme dans des milliers d'autres familles.

Manque de fiabilité ou excentricité ?

Certaines femmes, très perturbées, ont un comportement excentrique et souvent irrationnel qui résulte de graves problèmes personnels.

C'est le cas de Sabrina, vingt-huit ans, divorcée, mère d'un fils de trois ans, qui est de nouveau enceinte. Ne sachant pas si elle doit garder cet enfant, elle est venue chercher de l'aide auprès de nous.

Son mari est parti au cours de sa première grossesse, et elle a accouché avec l'assistance de sa mère, avec qui elle entretient une relation presque symbiotique. Peu après la naissance de son fils, elle a commencé à avoir des crises de migraine et à se « dédoubler », devenant une sorte de Dr Jekyll et Mr Hyde au féminin. En semaine, elle s'occupait avec amour de son petit garçon, toujours avec sa mère, et le week-end, elle buvait, fumait des joints et couchait assez facilement.

Ce comportement désordonné a duré pendant deux ans, puis, il y a six mois de cela, Sabrina a noué une relation assez stable avec un homme, qui la bat, en particulier parce qu'il ne supporte pas sa double personnalité et ses besoins sexuels contradictoires. Et elle ne sait plus quoi faire. Elle n'a pas envie d'avoir un enfant de cet homme difficile, mais en même temps, elle ne souhaite pas interrompre cette grossesse, entre autres parce qu'une voyante lui a dit que c'était sa dernière chance d'être mère.

On s'en doute, l'hésitation de Sabrina concernant son avortement fait resurgir tous ses problèmes personnels. Sa tendance théâtrale au dédoublement refait surface. Lors des entretiens, il apparaît peu à peu qu'elle ne veut renoncer ni à son enfant ni à son amant violent, et qu'elle a l'intention de faire jouer aux services sociaux le rôle de « déversoir » de ses ambivalences et d'un équilibre psychique fort précaire.

Après un premier moment d'agacement, nous nous sommes consolés en nous disant que les centres de consultation qui fonctionnent bien ne sont pas que des distributeurs de pilules ou de préservatifs mais aussi, en effet, le port d'attache de cas difficiles comme celui-là.

COMMENT VIVRE MIEUX ?

Des fiancés absents, des épouses qui ont la tête dans les nuages, des collaborateurs ou des associés qui disparaissent juste le jour de la remise d'un travail, ou encore ne se présentent pas à un rendez-vous important : que faire face à de tels individus ?

Pour commencer, voici quatre stratégies à tester auprès d'eux.

1. Redéfinissez clairement les règles. Si la personne en question arrive toujours en retard, indiquez bien que vous attendrez un quart d'heure, pas une minute de plus. Et faites-le. Peut-être apprendra-t-elle la leçon. Et vous, cela vous permettra de canaliser votre colère : en repoussant constamment les limites de ce que vous pouvez supporter, vous ne vous faites sûrement pas du bien !

2. Aidez-les à devenir surprenants, imprévisibles, mais... fiables. Si c'est votre partenaire, dites-lui que vous appréciez sa créativité et sa fantaisie dans le domaine sentimental (et peut-être sexuel), mais pas qu'il ne soit pas là quand vous avez besoin de lui. Bref, établissez, y compris pour vous, une liste des priorités. La même règle vaut au travail : précisez à votre collègue ou votre collaborateur les situations dans lesquelles sa créativité est la bienvenue et celles où il faut, au contraire, s'efforcer d'être peut-être pas terne, mais au moins méthodique.

3. Ne l'idéalisez pas, et vérifiez ses dires et ses gestes. Une surveillance continue (sans tomber dans l'obsession) peut vous aider à éviter de mauvaises surprises.

4. Donnez-lui une seconde chance. Face à une catastrophe, ou à une cuisante désillusion, ne déclarez pas tout de suite que tout est fichu. Sachez être souple, mais pas laxiste. Et donnez-lui une occasion d'essayer encore.

Pour finir, voici trois stratégies à tester sur vous.

1. Jouez au moins fiable des deux. C'est une stratégie paradoxale, qui permet de se moquer de l'autre et de le déstabiliser. Essayez-la au moins une fois. Avec humour, bien sûr. Donnez-lui rendez-vous et ne venez pas, débranchez votre téléphone et restez introuvable toute la soirée. Quand vous réapparaissez, murmurez-lui à l'oreille : « Ah bon, nous avions rendez-vous ? » Cela lui servira peut-être de leçon.

2. Ayez un « parachute de secours ». Au travail, c'est relativement simple : il s'agit d'avoir un autre collaborateur à qui s'adresser en cas d'urgence ou de garder un « plan de crise » dans son tiroir quand l'inévitable se produit. En privé, en revanche, c'est plus difficile : il n'est pas évident d'avoir un conjoint de réserve ! Mais on peut apprendre à enrichir sa vie grâce à d'autres personnes sûres, stables et présentes. Les ami(e)s et les parents par qui l'on peut se faire consoler sont très précieux dans ce genre de contexte.

3. Sachez-vous en passer, c'est-à-dire développez votre autonomie personnelle. Cette stratégie de survie peut avoir deux objectifs. Le premier est d'être plus indépendant. Le second, plus triste, est de transformer la déception et la résignation en capacité de tourner la page. Le nouveau chapitre de votre vie commencera, hélas, par l'élimination de cet autre à qui vous ne pouvez faire confiance. Une bonne séparation est souvent le premier pas vers une nouvelle rencontre heureuse.

Conclusion

La vie est complexe, mais pas difficile, même s'il nous faut affronter les différents types de casse-pieds qui s'évertuent à l'empoisonner. Dans tous les cas, il est bon d'essayer de les « neutraliser » ou d'atténuer les traits les plus déplaisants de leur caractère : les stratégies proposées à la fin de chaque chapitre peuvent vous y aider.

Une vie plus simple n'est pas pour autant une vie sans relief. Le croire serait tomber dans la simplification à outrance ou dans le réductionnisme, comme le fait Stephen Leacock lorsqu'il affirme : « Beaucoup d'hommes tombent amoureux d'une petite fossette et commettent l'erreur d'épouser toute la fille [1]. »

Pour moi, la simplicité, c'est un vers de poésie, qui en dit bien plus qu'un long raisonnement. C'est le mouvement fluide d'un coureur ou d'un danseur, dont l'harmonie naît de l'absence de tout effort superflu. C'est une vie libérée des contraintes de la carrière et de la société de consommation. C'est la « simple life » qui, par-delà certaines dérives ésotériques et artificielles du style New Age, est désormais devenue un mouvement philosophique. Ainsi, aux États-Unis, les rencontres entre un professeur retraité et un de ses anciens élèves, avec ses discours sur le sens de la vie, sont devenues un best-seller que l'on peut résumer en une phrase : « Lever le pied au quotidien afin de goûter le présent, comprendre qu'il est pas toujours bon d'avoir plus, investir dans l'amour [2]. »

En venir à l'essentiel, tel est d'ailleurs l'objectif. Mais comment ? Il convient d'être courageux, et non pas téméraire. D'après Vladimir Jankélévitch [3], le téméraire est impulsif, et parfois même héroïque quand le succès lui tend les bras ; mais c'est le courageux qui, conscient du danger, accepte lucidement le risque pour affirmer ses valeurs. Plutôt qu'un « idéal absolu » (qui peut mener au fanatisme), mieux vaut se fixer ce que j'appelle un « idéal adapté », qui permet de limiter, par la suite, les regrets inutiles et de mieux apprécier ce que l'on possède.

Faisons aussi davantage de place au sourire qui, comme les compliments, est parfois superflu, mais illumine la vie. Adoptons le *sourire prévenant* – non pas celui, purement formel, du vendeur, mais le vrai, qui confirme que pendant quelques instants au moins, on a laissé de côté soucis et obsessions pour chercher l'harmonie avec autrui. Et le *sourire libérateur*, qui dédramatise ou met fin à une crise. Certes, ce sont des recettes de fabrication de petits bonheurs mais, croyez-moi, elles sont bien utiles avec les différents types de casse-pieds que nous avons envisagés ensemble.

Enfin, je voudrais rappeler certaines valeurs toutes simples, dont nous oublions bien souvent l'importance. Dans ses *Leçons américaines*, l'écrivain Italo Calvino avait rédigé six aide-mémoire pour le prochain millénaire dont les thèmes sont : la multiplicité, la légèreté, la rapidité, l'exactitude, la visibilité et la cohérence [4]. J'y ajouterai les six principes, d'ordre plus privé, que propose Sarah Ban Breathnach [5] : la *gratitude*, c'est-à-dire un inventaire mental et spirituel de tout ce que nous avons (et qui nous fait comprendre que nous sommes immensément riches) ; la *simplicité*, c'est-à-dire la capacité de revoir à la baisse nos attentes excessives ; l'*ordre*, tant extérieur qu'intérieur, qui débouche sur l'*harmonie*, laquelle nous donne la paix nécessaire pour apprécier chaque jour la *beauté* de ce qui nous entoure ; et la beauté, à son tour, nous apporte la *joie*.

Alors, la vie peut être plus simple et le bonheur plus grand.

Notes et références bibliographiques

Introduction

1. J-P. Sartre, *Huis Clos,* Paris, Gallimard, 1976.
2. S. Ceccato, *Contentezza e intelligenza,* Milan, Rizzoli, 1989.

Chapitre premier : Les narcissiques

1. *Apocalypse Now,* Francis Ford Coppola, États-Unis, 1979.
2. F. Lelord et C. André, *Comment gérer les personnalités difficiles*, Paris, Éditions Odile Jacob, 1996, p. 128.
3. E. Arosio, « Cellulare ergo sum », in *L'Espresso*, 13 août 1988.
4. F. Lelord et C. André, *Comment gérer les personnalités difficiles, op. cit.*
5. *Ibid.*, p. 119.
6. *Elle*, 1998.
7. D. Anzieu, « L'enveloppe sonore du Soi », in *Narcisses,* Nouvelle Revue de Psychanalyse, Paris, Gallimard, 1976.
8. S. Freud, *Œuvres complètes*, Paris, PUF.
9. D. Anzieu, *op. cit.*
10. H. Kohut, *Le Soi,* Paris, PUF, 1991 ; O. Kernberg, *La Personnalité narcissique,* Montrouge, Dunod, 1997.
11. E. Monick, *Phallos, Sacred images of masculinity*, Toronto, Inner City Book, 1987.
12. M. Bogliardi, « Ricomincio da lei », in *Panorama*, 11 juin 1998.

13. S. Freud et J. Breuer, *Études sur l'hystérie,* Paris, PUF, rééd., 2000.
14. F. Lelord et C. André, *op. cit.*, p. 131.

Chapitre II : Les paranoïaques

1. P. Watzlawick, *Comment réussir à échouer,* Paris, Le Seuil.
2. *Swingers,* D. Liman, États-Unis, 1996.
3. C. Olievenstein, *L'Homme parano,* Paris, Éditions Odile Jacob, 1992.
4. *Air Force One,* W. Petersen, États-Unis, 1997.
5. *My son the fanatic*, U. Prasad, Grande-Bretagne, 1998.
6. A. Haynal, M. Molnar et G. de Puymège, *Le Fanatisme,* Paris, Stock, 1980.
7. Les Révoltés du Bounty, L. Milestone, États-Unis, 1962.
8. F. Roustang, *Comment faire rire un paranoïaque,* Paris, Éditions Odile Jacob, 1996.
9. O. Fallaci, *Un homme,* Paris, Grasset, 1997.
10. *Sleeping with the enemy,* J.Ruben, États-Unis, 1990.
11. E. Kretschmer, *Paranoïa et sensibilité,* Paris, PUF, 1989.
12. *Titanic,* J. Cameron, États-Unis, 1997.
13. V. Nabokov, *Lolita*, Paris, Gallimard, 1998.
14. M. Proust, *La prisonnière, À la recherche du temps perdu*, Paris, Gallimard, 1992.
15. J. Tanizaki, *La Confession impudique,* Paris, Gallimard, 1977.
16. *Aprile,* N. Moretti, Italie, 1998.
17. R. Neuburger, *Nouveaux couples,* Paris, Éditions Odile Jacob, 1997.

Chapitre III : Les méchants

1. W. Pasini, *La Méchanceté,* Paris, Payot, 1993.
2. *Thelma et Louise*, R. Scott, États-Unis, 1991.
3. *Les 101 dalmatiens,* W. Reitherman, H. Luske, C.Ceronimi (et Walt Disney), États-Unis, 1961.
4. *Basic Instinct,* P. Verhoeven, États-Unis, 1992.
5. Coll., *Le Rabbie croniche,* Turin, Bollati Boringhieri, 1992.
6. *Corriere Salute*, 30 septembre 1991.
7. Coll., *Rabbia e vendicatività,* Turin, Bollati Boringhieri, 1992.
8. L. De Crescenzo, *Ordine e disordine,* Milan, Mondadori, 1996.

Chapitre IV : Les anxieux

1. G. Schelotto, *Nostra ansia quotidiana,* Milan, Mondadori, 1998.
2. A. Lelord et C. André, *op. cit,* p. 29.
3. L. D. Scheingold et N. Wagner, *Sound Sex and the Aging Hearth,* New York, Human Sciences Press, 1974.
4. A. Bloch et J.-P. Maeder, *La Sexualité des coronariens,* in « Méd. et Hygiène », 1974.
5. E. Sheehan, *Ansia, fobie e attacchi di panico,* trad. it. Milan, Mondadori, 1997.
6. F. Manara, *Timidezza. Paure e fascino di un sentimento,* Milan, Sperling & Kupfer, 1997.

Chapitre V : Les déprimés

1. A. T. Beck, *Cognitive therapy of depression,* New York, Guilford, 1979.
2. R. Spitz, *De la naissance à la parole,* Paris, PUF, 8e éd., 1993.
3. F. Ladame, *La Tentative de suicide chez l'adolescent,* Paris, Masson, 1996.
4. *DSM-IV. Manuel diagnostique et statistique des troubles mentaux*, Paris, Masson, 1996.
5. M. et S. Golant, *Che cosa fare se le persone a voi care sono depresse,* trad. it. Milan, Longanesi, 1998.

Chapitre VI : Les traîtres

1. Coll., *Bugiardi e traditori,* Turin, Bollati Boringhieri, 1994.
2. *Entretiens privés,* Liv Ullmann, Suède, 1998.
3. In D. Matellí, « E vissero infedeli e contenti », L'Espresso, 3 septembre 1998.
4. *The Ice storm,* A. Lee, États-Unis, l997.
5. G. Valensin, *Pratique des amours de groupe,* Paris, La Table Ronde, 1978.
6. I. Magli, « Uomini da marciapiede », in *L'Espresso*, 27 août 1998.
7. A. Visconti, « Da Donald a Donna », entretien avec Donna Cartwright, in *L'Espresso*, 3 septembre 1998.

Chapitre VII : Les perdants

1. A. Lelord et C. André, *op. cit.*
2. *Portier de nuit,* L. Cavani, Italie, 1974.
3. *Death and the maiden,* R. Polanski, États-Unis – France – Grande-Bretagne, 1994.
4. Congrès AIHUS, Genève, mars 1998.
5. S. Freud, *Œuvres complètes,* Paris, PUF.
6. I. Théry, *Le Démariage,* Paris, Éditions Odile Jacob, 1993.
7. C. Martin, *Famille monoparentale,* Paris, ESF, 1987.
8. *Sono pazzo di Iris Blond,* Carlo Verdone, Italie 1997.
9. W. Pasini, *À quoi sert le couple ?,* Paris, Éditions Odile Jacob, 1996.
10. J. Kellerhals et W. Pasini, *Le Sens de l'avortement,* Genève, Georg, 1976.
11. S. Berglas et R. E Baumeister, *Your Own Worst Enemy,* New York, Basic Book, 1993.
12. J. Bowlby, *Attachement et perte,* Paris, PUF, 3 vol., 1984, 1992, 1994.
13. N. Castioni, *L'Aube au bout de la nuit,* Paris, Albin Michel, 1998.

Chapitre VIII : Les inconstants

1. *Body Heat,* L. Kasdan, États-Unis, 1981.
2. P. McGrath, *L'Asile,* Paris, Calmann-Lévy, 1997.
3. *Ainsi va la vie,* F. Whitaker, États-Unis, 1998.
4. *Harry dans tous ses états,* W. Allen, États-Unis, 1997.
5. E. Roskies, *Stress Management and the Healthy Type A,* New York, Guilford Press, 1987.

Conclusion

1. J. Green, *Sweet Nothings,* New York, Sphere Book, 1984.
2. M. Albon, *I miei martedì col professore,* trad. it. Milan, Rizzoli, 1998.
3. V. Jankélévitch, *Les Vertus et l'amour,* vol. 1, Paris, Flammarion, 1986.
4. I. Calvino, *Leçons américaines,* Paris, Gallimard, 1989.
5. B. Breathnach, *Semplice abbondanza,* trad. it. Milan, Corbaccio, 1997.

Table

Imprimé en France sur Presse Offset par

BRODARD & TAUPIN

GROUPE CPI

La Flèche (Sarthe), le 17-12-2002
N° d'impression : 15782
N° d'édition : 7381-1217-X
Dépôt légal : décembre 2002